幼兒學習與發展

Developing Learning in Early Childhood

Tina Bruce　著

李思敏　譯

Developing Learning in Early Childhood

Tina Bruce

目錄 ..

CONTENTS

CONTENTS

CONTENTS

作者簡介

Tina Bruce 是薩里羅漢普頓大學（University of Surrey, Roehampton）的特約顧問和客座教授。

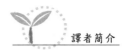

 譯者簡介

李思敏

學　　歷：上海體育學院體育人文社會學博士
　　　　　澳門大學教育心理學碩士
　　　　　國立台灣師範大學體育系畢業

現　　任：澳門大學教育學院助理教授兼任學前教育課程主任

經　　歷：澳門教青局澳門幼兒教育課程指引編寫團隊成員
　　　　　澳門教青局學校綜合評鑑幼兒教育評鑑人員
　　　　　澳門教青局幼兒教育校本課程發展計畫組員

研究興趣：幼兒教育、體育課程與教學及師資培育等

編　　著：李思敏等編（2003）。幼兒教育校本課程發展計劃（光碟）。
　　　　　澳門：教育暨青年局。
　　　　　李思敏等編（2004）。與孩子一起成長：三所幼稚園課程發展
　　　　　的足跡。澳門：教育暨青年局。

前言

《兒童心智》（*Children's Minds*）是 Margaret Donaldson 所寫的一本有關早期學習的著名小書，在此書內，她表示對幼兒在五歲後失去學習興趣感到疑惑，不明白幼兒為何會在幼兒園時期漸漸失去在自然探究與分享情感方面所表現出的顯著才能。為什麼小學學習如此困難？為什麼許多兒童要經過掙扎和努力才有成果，導致失去自信，甚至需要懲罰或接受「特殊教育」？難道 Lilian Katz 所說「每位男孩和女孩必然擁有『熱愛學習』的喜悅」的說法是錯的嗎？Jerome Bruner 提出的「社區學童的共同學習」到哪裡去了？最近，Barbara Rogoff 和她的同事致力研究過去在工業社會時期的教育實踐理論，根據裝配線結構的教育要素模型，舊有的傳統實踐理論認為，兒童應熱切地參與有意義和有實際用途的學習，然而，由於工業社會時期那些教育實踐理論取代了舊有的傳統理論，導致學習過程變得刻板。在現代家庭和社會裡，究竟是什麼原因導致父母會給兒童過多的壓力而不是歡樂呢？事實上，家庭必須是充滿愛的團體，才可確保社區邁向健康未來。

兒童與生俱來就是合作者與創造者，會熱衷於學習和面對挑戰，會對承擔責任和付出貢獻感到自豪，如果這些是根據幼兒研究成果而得出的共識，那麼，為什麼在學校裡會發生不愉快、反抗、失落、憤怒，甚至排斥、霸凌別人和翹課等事件？為什麼愈來愈多兒童被診斷為患有注意力缺陷過動症或自閉症？他們真的不正常嗎，抑或只是社交能力落後而已？到底早期的生活管理和教育出了什麼問題？

對於以上或者更多的問題，本書都能提供答案。Tina Bruce 列出一個充滿活力和創意的學習社群現況，集中講述在教育和社會方面，有關協助

兒童、家長和幼教專業人員的服務經驗，包括合作教育和多元化社區經驗與技能的實驗研究。我認為，克雷格米勒（Craigmillar）的卡素拜爾社群（Castlebrae Community Cluster）是學習型社區的榜樣，能為高等院校提供社區生活培訓的具體運作例證。

Sheena Johnstone 身為愛丁堡莫立學院（Moray House College）教師的導師，一直提倡的工作原則是鼓勵及尊重兒童天生擁有的活力和合作智能，她以尊師身分一直身教言教，影響並鼓勵學生遵循此原則。幼兒教師發現，當幼兒準備好要想像、探索和學習時，在同儕陪伴情況下會做得更好；與伙伴一起聆聽、表演、跳舞和想像，更能激發無數的想法、行動和使用更多象徵符號，當中父母很自然就是幼兒的教師和學習對象，亦是快樂的學習伙伴。

在克雷格米勒，參與的合作單位包括四間幼兒園、三間小學、一項嬰兒圖書方案、一間家庭中心、兩間兒童中心和一項健康飲食專案工作等，主要是研究社交技巧的學習和發展，同時亦建立了多機構合作的可行模式。藉由幼教專業人員在教保服務和後續工作期間，透過觀察兒童如何從親身體驗中學習、預測和重整經驗，進而成長為象徵符號使用者。社群於 2001 年 5 月召開名為「Bairns Aboon A. 超越此時此地：象徵符號行為的發展」（Bairns Aboon A. Beyond Here and Now: The Development of Symbolic Behaviour）的研討會，會上是以影像、圖片和藝術品來展示兒童的經驗，家長們亦以伙伴身分積極參與此次研討活動。

Tina 評述自己過去三年只是在做工作記錄，但這本書的內容卻不單只是記錄而已，內容主要建基於實踐主義，運用各種觀點和方法，包含謹慎而全面的研究和實踐過程；目的是讓家庭和社會上的兒童更能掌握自己的身體，能更好地與家庭、朋友建立關係，獲得更豐富的知識和技能，以發揮個人想像力、進行遊戲和解決問題、應用技術和規則。

本書亦明確表明除了要提倡培育道德之外，實際學習亦同樣重要，兩者都屬於創意、藝術和技術的一部分。這更明確地提出統整式兒童服務的

必要性，同時，當兒童的健康和發展有變化或需要補救時，提倡智力與動手學習兩者就很重要，各類專家應該要有充分準備去聆聽和互相了解，也要理解彼此的意見。

xiii

書中各章節論述了兒童如何從肢體活動、交感神經傳遞、情感交流，以及身體和感官的成長發展中學習。最新的科學研究中指出，在幼兒語言萌發的階段，大腦作為想像力和溝通能力的重要器官，屬於發展敏感期，且在快速成長過程中處於較脆弱的狀態；人類的大腦負責建構知識，一般處於興奮、尋找刺激和對壓力做出反應的狀態下會更加脆弱。同時，我們知道兒童有需要去感受特別親密的關係，也有需要去感受自我的獨特性，知道自己的興趣所在，享受成功、樂趣與愉快的喜悅。再者，我們可以得知，大腦會根據人互動交流的情感而產生反應、興趣、思想和記憶。不過，我們亦發現，寂寞、被忽略甚至被虐待的兒童，其大腦內主宰生存和學習動力的中樞，可能會持續遭受破壞。因此，不論年輕或年老的大腦都需要休息，方可持續運作或思考。沒有任何大腦相關的知識可以否定兒童在敏感期內有不同的需要，同時，我們很高興已有許多確實的證據，證明大腦不單單只是資訊處理器與感受接收器而已。

在克雷格米勒這項研究過程中，我們可以體驗不同文化和家庭的情況，也可得知增進家庭合作的策略可行性，獲得提升兒童對社交世界的認知效果。過程中，我們堅守工作原則，尊重每位兒童、每位家長和教師，促使整個社區營造富有獨特性的面貌。其中，有一項以培養健康飲食習慣為目標的社區活動，讓家庭實踐對抗如兒童肥胖和糖尿病等文明病的烹飪方式，活動安排家長和兒童一起參加親子烹飪班，共同調製健康飲食的菜色，活動情況就好像回到前工業社會；真的很難想出比這更好的方法。

自古以來，遊戲被認為是智力和想像力的啟蒙活動，亦是探索、學習、分享和創造等過程中，較為複雜及有價值的表達方式。我認為比起多媒體、電動遊戲和網路上的零散資訊，書本和學問才是開啟文化思維世界的一大關鍵。工作過程側重運用舞蹈和話劇，我很慶幸兩者都帶來不少感動與體

驗，同時，兩者都能增進兒童對各國文化的興趣，還讓兒童對擁有濃厚蘇格蘭傳統增添自豪感。我篤信音樂是溝通的主要元素，亦是語言以外最能表達情感的渠道，音樂亦可以用來建立夥伴關係，及用作增強創意思考的工具。而且，很明顯地，Tina Bruce 和克雷格米勒的夥伴都很認同。 *xiv*

　　證據顯示，非統整的教學方式（例如工廠模式）是不利於學生發展主動學習的。這項有關學習的實驗所得的結果和經驗，提出的觀點關於如何學習及如何合作教育合作意識，都適用於幼兒教育的各層面，亦期望促使小學開展像幼兒園統整學習的綜合教學模式。由此，從經濟和社會效益的意義上來說，統整的社區服務經驗是被肯定的。直津幼兒園（maintained nursery schools）的教職員工曾受專業培訓並有專業資格，園所於所在地已服務超過七十年，其價值亦因此而將再度受到推崇。他們當然反對「自 1970 年代開始學校過分強調智力發展，而幼兒園則只強調社交和體格發展」（p. 6）。

　　克雷格米勒社群能夠有此榮譽，主要是來自學校和社區合作工作的成果，期望以此點亮和調整幼兒的學習方法和策略，也期望能惠及世人。

Colwyn Trevarthen

背景

1

給所有兒童全部的關懷

　　本書主要論述幼兒學習與發展的歷程，以及說明影響幼兒學習的地理和文化因素。

　　只用一本書的篇幅絕不可能細述世界不同地域、不同家庭背景的兒童發展、學習和成長情況；同樣地，只有一本書的內容更不可能概括經歷時間考驗的兒童學習與發展相關的理論和經驗。

卡素拜爾社群

　　本書記錄了從 1999 至 2003 年間，我在愛丁堡克雷格米勒的卡素拜爾社群所做的工作，此社群的合作單位包括：

- 嬰兒圖書方案組（The Books for Babies Group）（圖書館和英國國家閱讀能力信託基金會）
  Maxine Behan, Teresa Martin, Beth Cross
- 金美倫堂幼兒園（Cameron House Nursery School）
  Chris McCormick, Anne Chalmers, Maureen Allan, Melanie Dow
- 卡素拜爾家庭中心（Castlebrae Family Centre），總部設在卡素拜爾社區中學（Castlebrae Community High School）
  Lyn Tarlton, June Fraser, Anne Kilpatrick
- 兒童之家幼兒園（Children's House Nursery School）
  Maureen Baker, Maggie Miedzybrodzka, Margaret Murdoch, Fiona Crop-

ley, Sonia Anderson, Christine Vesco, Theresa Spence, Margaret Grieve, Josie McKeon

- 克雷格米勒兒童與家庭中心（Craigmillar Children and Families Centre）

Liz McCulloch, Rachel Barnes, Gillian Cooper, Margaret Haddow, Kelly Hastings

- 小寶寶食品健康飲食方案（Food for Tot Healthy Eating Project），總部設在綠色小屋幼兒園（Greengables Nursery School）

Christine McKechnie and Barbara Jessop

- 綠堤兒童與家庭中心（Greendykes Children and Families Centre）

Isobel Gunn, Emily Kyle, Helen Sweeney, Linda Finna, Janine Williamson, Anne Milligan, Melody Spinrad, Carol Chalmers, Linda Laidlow

- 綠色小屋幼兒園

Carol Morley, Mary Brock, Sue Geggie, Linda Jamieson, Lesley Lewis, Joyce Mitchell, Katriona Owens, Sheila Robertson, Sue Waine, Kate Frame, Gitte Reiche, Helga Pinstrup

- 伯菲米爾〔現為卡素衛爾（Castleview）〕小學（Peffermill Primary School）

Elizabeth Sharp, Kirsty Hastings, Jennifer Graham, Carol Skirving

- 拔士東費小學（Prestonfield Primary School）

Lynda Melvin, Sarah Cook, Muriel Monteith, Katrina Vernon

- 伊麗莎白公主幼兒園（Princess Elizabeth Nursery School）

Lucy Fraser Gunn, Joyce Horberry, Julie Bannantyne, Catriona Clarke, Norma Smith

- 聖方濟小學（St Francis Primary School）

Margaret Lamb, Jean Inglis, Sheila Molineux

2

這團隊是在社區基金的支持下開始運作的，團隊成立的其中有一個既有趣又富挑戰性的原因，是期望社群兒童的家庭能夠接受來自不同文化、傳統和培訓背景的工作人員的衝擊和影響。

過去從事健康和兒童服務專業人員培訓方法和模式，通常都會因應所屬慈善組織或學歷背景的不同而有差異；因此，必須尋求合作平台以開展工作，而不是在剛起步就受制於不同模式和作法的影響。儘管卡素拜爾社群的模式已獲得很大的成功，但是讓每位幼教專業人員能夠不斷察覺社會的持續發展與變化，社群現在獲得的成就僅僅只是開始而已。

共同參與在職培訓

在職培訓期間，我們共同探討建立合作平台的重要方案，同時我們亦曾討論有關兒童如何從嬰兒期開始成為象徵符號使用者，對直接和親身感受的價值得到共識；另外，亦曾探討兒童表達經驗的方式，以及重整或預測自己經驗的方式；期間亦曾討論兒童如何透過社會遊戲和規則學習，如何藉由接觸身邊的人進行文化學習。

跟進工作

在職培訓期間，各合作單位都密集進行跟進工作，其成果最終於 2001 年 5 月在卡素拜爾社區中學舉辦的研討會上發布，該研討會主題是「幼兒象徵意義行為的發展」。

合作單位各自展示與方案相關的工作，展示方式包括影像，含註解的照片和手工藝品；家長們亦有參與並在會上發言。工作人員有效地向與會者報告方案工作的情況，當地政客、媒體、服務機構的總監和其他愛丁堡官方代表都有列席會議。

這次在卡素拜爾社群的共同研究，將會透過組織更多的在職培訓機會，以及更小規模的工作小組研討繼續展開。此期間我一直都是做文案記錄工

作，因此蒐集了不同領域的資料，按相關理論和研究做資料彙編整理，以此推進卡素拜爾社群將來的研究和發展工作。

幼兒園

　　幼兒園創立目的是為了讓弱勢群體提供綜合服務。有些地區的幼兒園以服務社區為目的，資金主要依靠社會和當地集資的方式建立；有些幼兒園的資金則是來自個人捐獻。

　　英國的直津幼兒園主要由所屬地方的政府承擔其營運資金；最初是由蘇格蘭人 Margaret McMillan 在二十世紀初開創，它保留著提供完整的家庭和幼兒的綜合服務之優良傳統。此類幼兒園與保健服務機構和衛生隨訪員一直保持密切聯繫，並會定期組織相關的保健專業人員到園內診所工作。同時，為有需要或處於危險的兒童，及有特殊教育需求或有障礙兒童的家庭制定提供服務工作的協議。此類幼兒園與當地幼教服務網路有密切聯繫，其中包括遊戲小組、學前班、其他志願與社區團體，以及地區服務等等，也經常與保母網路合作，而且還會與小學教育溝通，開發幼小銜接的合作工作。

4

直津幼兒園

　　直津幼兒園衍生自 EPPE（The Effective Provision of Pre-School Education，學前教育實效）研究（2002），對兒童和家長而言，專業可以稱得上是最具綜合性和最用心維持高品質服務的幼兒園。園內員工皆具備高素質和資格，並由專業的園長領導，故此能為社區承擔責任且意義重大。而且，這類幼兒園所提供的家庭服務絕不是單一服務而已，在英格蘭，此類幼兒園已有 58%轉型為卓越早期教育中心（Early Excellence Centres），亦有很多已轉型為兒童中心（Children's Centres）。直津幼兒園也曾被 David Bell（英格蘭學校督學長）的報告（2003）和蘇格蘭的委員會報告點名表揚。

　　卡素拜爾社群共有四間直津幼兒園，其中三間已具悠久的歷史（Swanson, 1975）。

伊麗莎白公主幼兒園

　　這所典型的幼兒園於 1930 年因蒙特梭利協會（Montessori Society）的 Margaret McMillan（Jamieson, 1975: 32）的來訪而創建〔當時命名為愛麗絲公主兒童花園（Princess Alice Child Garden）〕。幼兒園的成立資金一般是來自幼兒服務的社會基金；這所幼兒園位於一家兒童與家庭保健診所樓上。

綠色小屋幼兒園

　　自從美國於 1960 年代啟動了兒童早期啟蒙方案（Head Start Programmes）之後，一些新式幼兒園就應運而生，綠色小屋幼兒園也是其中之一，第一所綠色小屋幼兒園創建於 1975 年。此類幼兒園內所進行的不同研究結果皆指出，兒童開拓學習的過程中，父母的參與發揮重要功能（Athey, 1990）。同時亦發現課程框架能起關鍵作用，課程必須帶給兒童感興趣的經驗，協助兒童醞釀自己的意見、想法和創意，並以口語和其他媒介，諸如繪畫、建築、角色扮演、歌曲、舞蹈和動作等方式表達出來。

5　兒童之家幼兒園

　　兒童之家於 1935 年由一位匿名的慈善家創立，後來得知是 Marjorie Rackstraw。這所幼兒園於 2002 年曾獲頒優質課程獎。

金美倫堂幼兒園

　　這間幼兒園於 1934 年由志工團體建立，是 Grace Drysdale 經英國愛丁堡大學社區（University of Edinburgh Settlement）捐贈的，可以說是典型的教育扶助貧困社區的項目之一。這所幼兒園曾接待眾多著名人士來校訪問，如 Sir James Barrie、King George V 和 Queen Mary，還有 Winston Churchill

（Penman, 1975: 31）。

園內有 William Wilson 贈送的彩繪玻璃畫窗，它代表遊戲就是兒童每天的生活（如上圖）。

幼兒園自 1945 年以來

金美倫堂幼兒園和兒童之家是二次世界大戰之後被地方教育局接管的典型幼兒園。它建立的原因主要是讓母親的工作能遠離與戰爭相關的產業場所，能全身投入擔當全職母親。這種傳統的英式幼兒園特有的教育服務品質，已逐漸被歷屆政府忽視和削弱，導致相關的健康、社區、社會和家庭教育服務時間和場所也被逐漸削減。

致力於發展直津幼兒園的人們，都渴望現在的幼兒園能恢復過往所提供的綜合服務。直津幼兒園在英國還能保留下來，顯示著將會再次復興的跡象。

幼兒園透過持續與家長和各種機構合作的方式，不斷發展整全的兒童教育。幼教人員不認同始於 1970 年代學校過分強調智力發展，而幼兒園則只強調社交和體格發展的教育現象。

6

現在是時候重新醒覺，重新理解傳統幼教的貢獻，讓直津幼兒園恢復被削弱的社區綜合服務，順應當地社區、父母和家庭的需要，同時提供成人教育課程、醫療保健、家庭福利和兒童教育等服務。

在卡素拜爾，為了確保分組活動的教育方式能有連貫性地往上銜接，幼兒園與當地中小學都有密切聯繫。近期，幼兒園與小學低年級的幼教人員聯繫，嘗試以分組活動方式進行早期寫作的研究，並共同發表文章。分組活動的目的是為幼教以至整個兒童學習階段，建立一種有凝聚性和連貫性的學習方式。這種合作學習方式在「行為和掃盲的重要政策」內已經得到普遍認同，先前亦有群體發展計畫啟動這類「分組學習和教學方法」的優先進行計畫。

此外，本書內提及與幼兒有關的服務還會涵蓋健康服務、兒童服務、志願和社會工作者等，也會敘述多機構合作方式及其相關的計畫方案，如「嬰兒圖書方案」和「小寶寶食品方案」。

嬰兒圖書方案

嬰兒圖書方案是克雷格米勒掃盲（Literacy Trust）任務的其中一個項目，由一支具備多重專業指導的小組構成，包括幼兒園和負責與家庭聯繫的教師、圖書管理員、衛生隨訪員和家長代表等。

當兒童和成人一起分享圖書時，有助兒童參與學習英國文化和認識世界其他地區。克雷格米勒嬰兒圖書方案的宗旨和目標如下：

教育研究表明，與正規教育比較，兒童的閱讀能力很顯著的會受經驗影響。因此，這方案致力於積極鼓勵家長和幼兒服務人士參與幼兒的閱讀，以幫助幼兒累積經驗。

小寶寶食品方案

「從我們誕生的那一刻起，就有人一直為餵養我們的食物和方式而憂心。」

這句話是摘錄自愛丁堡安穩起步（Sure Start）基金資助的小寶寶食品方案（給幼兒的食品）的資源套件。此方案負責人員有綠色小屋幼兒園派出的一位協調人員和一位社區發展服務工作人員。這方案設在克雷格米勒地區，是以社區為本的計畫，起源自綠色小屋幼兒園，受 Carol Morley 鼓勵而運作的小型計畫。本方案的資源套件內列明：

> 本方案認為幼兒時期的飲食習慣對成人後的健康有重大影響，因此，在幼兒階段展開正確的飲食習慣可預防日後由健康問題而致病。最新研究表示，肥胖和糖尿病等上升的患病率實在令人擔憂，這種所謂的「文明病」（Illnesses of Civilisation），從前只會影響成人，現在已經逐漸發生在兒童身上。由於以上種種原因，增加了健康飲食相關的訴求，促成需要幫助和指導的家長聚集起來，參加綠色小屋烹飪組，並發展成「小寶寶食品方案」。

與社區牙科教育人員合作項目

社區服務人員、當地的衛生隨訪員和社區牙科教育人員共同開發課程，並定期在各中心為家長和幼兒服務人員授課。此課程目的是：

- 鼓勵均衡飲食。
- 學習如何幫家長增進基本飲食知識，使他們能為家庭做出正確的選擇。
- 講述家長可能遇到的飲食、健康及其子女身心健康的問題。
- 學會如何幫家長增加自信和促進家庭凝聚力。

• 建立正確的育兒生活技能和知識。

小組成員共同選材

各類課程是根據小組的需求，且能關注以下重要議題：

• 懷孕期間的健康飲食。
• 母乳餵養或奶瓶餵養。
• 斷奶。
• 學步兒。
• 家庭用餐。
• 家庭營養。
• 口腔保健。
• 實用技能（包括成人和兒童一起烹飪）。

小組成員們自行決定上課形式，可以是討論、體驗課、實際烹飪課或觀看影片，成員包括準備懷孕的婦女、懷孕中的婦女、新生兒的父母、嬰幼兒和學步兒的父母、有三歲以下幼兒的家長，以及負責照顧嬰兒和三歲以下的工作人員。

我們認為，抱持正確的理念是這方案最成功的地方，此方案採用多學科統整模式，以社區為本，與家長合作。（Christine McKechnie and Barbara Jessop）

兒童、家庭中心與小學

在克雷格米勒和綠堤，透過參與聯合的在職訓練，及後續專案和展覽會議，現時連同三所小學，包括伯菲米爾（現為卡素衛爾）小學、拔士東

費和聖方濟小學,以及在卡素拜爾社區中學內的家庭中心,三方為了催促幼兒園的發展,已開展了更密切的合作工作。

　　期望強化園所的綜合服務模式,儘管進展緩慢,亦在小學開展類似的綜合服務,如開展課後托育組、早餐托育組和全日托育班,也希望有更多父母能參與。

　　雖然進程緩慢,但進一步的親身體察更能理解整全的服務模式,才能開拓更深更廣的學習空間,讓兒童和家庭獲益。

開拓幼兒學習

9

主旨

　　本章主要論述透過感官、動作、溝通、口語、手語、人際關係、感覺、思維與想法等途徑以開拓幼兒學習，兒童透過以上各種途徑，逐步成為符號使用者，以達至全人發展。雖然智力和知識都只能藉由人與人之間的互動過程而建立，但其實對兒童來說，個人空間與有人陪伴都同樣重要。本章論述成人與兒童互動的重要層面，包括以下各項：

- 發展的關鍵期與敏感期。
- 動作感覺與反應。
- 非語言溝通。
- 走路、說話和角色扮演。
- 其他人的角色。

　　因為天氣寒冷又潮濕，克里斯托夫的媽媽用衣服把他包緊。她正考慮在這樣惡劣的天氣下，是否應該帶兩歲的兒子外出，然

而想去家庭中心（family center）見琳恩和珍妮的想法正在催促她。克里斯托夫安靜地坐著，眼睛在兜帽下張看著周圍；當他轉動頭部時，其中一隻眼睛跟著轉；他的視力在出生前至出生後已發展了一段時間。

視覺神經系統的基本線路是與生俱來的，大腦則需要透過幼年的視物體驗來加強線路的銜接，方可使視力發展達至成人水平。幼年的視力主要能表現出以下兩種能力：

10

- 眼睛能看到清晰的圖像。
- 雙眼能穩定地平視，故能看到相同目標，同時，雙眼可把能清晰辨識的圖像和無衝突的圖像傳送到大腦（Tychsen, 2001: 67）。

克里斯托夫的視力已具備以上兩項能力；如果他不能表現出這兩種能力，就必須在出生後六個月內進行矯正，才能正常視物，並達到所謂的雙眼視覺正常（兩眼一起看東西）。

關鍵期

研究者經常爭論何時是（和不是）發展的關鍵期。發展雙眼視覺的特別時期（出生後前三個月）是不可錯過的；這正是關鍵期。

Bruer（2001:4）認為：「關鍵期的核心概念是指在人的成長發展過程中，相同體驗在不同時期發生會有不同的影響力，有些體驗在某一特定時期發生，對日後的行為發展會產生較深遠的影響。」（Bruer and Symons, 2001, p. 4）。

所有人都會因雙眼視覺而獲益，因為視覺能讓人更清晰地知覺到人和物體的移動距離，使人能夠更準確地伸手拿取物體。不管人們的生活環境差距有多懸殊，雙眼視覺對所有人類都很重要。研究指出，關鍵期與開拓

學習有關；然而，若拓展學習期間受到文化衝擊和影響，關鍵期與開拓學習的關係就會瓦解。

例如，所有人都可因雙眼視覺而獲益，但不是所有人都能說同一種語言；語言學習主要取決於個人成長背景，主要受人和地的影響，人需要與不同的人溝通，才能適應文化的轉變，因此，語言學習可促進多方面的開拓學習和發展。

有趣的是，Bruer（in Bruer and Symons, 2001）並不認為研究語言發展相關的敏感時期（Lenneberg, 1967）或者關係（Harlow, 1958）是大腦發展研究的重要課題：「我們必須知道這類研究工作大部分都是行為研究而不是腦科學研究。」（Bruer, 2001: 8）。

Meade（2003: 14）指出，Bruer忽略了語言、自我、知識發展的關係、文化經驗和人際關係等各方面對大腦發展的影響。 *11*

敏感期

敏感期就是人類學習坐、行走和說話，以至成為符號使用者的時期。

這原理同樣適用於關鍵期，但敏感期現今較關鍵期持續更長時間。Colin Blakemore 在 RSA（2001）的演講中提及，關鍵期和敏感期的持續時間是不同的。在關鍵期，當雙眼視覺和距離感知力發展完成時，關鍵期就會終止，但敏感期則會延續多年（以下會提及），例如學習走路有不同階段。這一點對幼兒及家庭的研究工作意義重大。

透過這本書，我們知道兒童生理發展方式是與生俱來的，我們應該知道不論兒童居住在愛丁堡或是其他地方，都是遵循生理規律而發展。Gopnik、Meltzoff 和 Kuhl（1999）指出，除非有發展障礙或遲緩狀況，否則無論兒童在何地成長都擁有以下與生俱來的大腦潛能：

• 學習和記憶面孔。

- 用臉部表情來表達情感。
- 學習如何移動物體。
- 理解物體如何消失。
- 理解事件的因果關係。
- 懂得如何將物體分類。
- 懂得區分語言的不同發音。
- 透過圖像和不同感官獲得訊息。
- 把平面圖轉換成立體物件。

然而，不同家庭和文化有不同的養育兒童方式。Bortfield 和 Whitehurst （2001: 188）說：「如果研究員想要擴大敏感期的概念以涵蓋……文化學習的時間，這樣，影響早期的干預和教育的相關實踐亦同樣需要擴展涵蓋範圍。」

生物學家、神經學家、認知心理學家、人類學者、社會進化論者、社會文化學者和其他領域的專家正在探索不同領域的共同證據，以支援幼教專業人員協助幼兒開拓學習。

呼吸和感受生命的氣息

克里斯托夫聞到環境周圍籠罩著的濕氣，嬰兒的嗅覺比成人更靈敏。有時候，某種氣味會勾起成人童年的回憶，日後當他長大後聞到消毒藥水氣味時，可能會勾起這段由母親帶他到社區中學的家庭中心走廊的回憶。很有可能，父母與嬰兒或學步兒曾一起烘焙，日後烘焙味道亦有可能令他回想起相關的經歷。

我們比較能夠記起那些曾積極參與的經歷。在第二章，我們會繼續探討記憶對大腦發展的重要性。現在我們初步知道氣味能夠勾起愉快和不愉快的回憶。臨床精神病醫生 Ratey 寫道（2001: 62）：

在大腦獲得訊息的所有管道中，嗅覺系統是最古老也是最易被忽視的……嗅覺的功能可以很強烈。嗅覺能使我們感到害怕，能引起我們的興趣或使我們感到舒適。因為我們大腦的嗅覺系統與記憶系統有一個短而直接的聯繫，使氣味能直接引出過去記憶的畫面，不同的人聞到相同的氣味都會引出不同體驗的回憶。

動作和學習

雖然克里斯托夫全程都靜靜地坐在嬰兒車上，真正的幼兒觀察者會看到他其實是在不停地動；他的手臂、手指和腿都在不斷調節和擺動著，他的手和腳也不停地動（Goddard-Blythe, 2000），他也會咂（smack）嘴唇。

當動作受束縛時，學習或思考都會變得困難；當我們自在地躺下來時，即能鬆弛大腦和放慢思考。

為了讓幼兒的大腦能更好地發展，以克里斯托夫的大腦為例，就絕對不能讓他長時間坐在嬰兒車上，當他到達家庭中心時，應盡可能讓他有更多動作的自由。對幼兒來說，動作的自由意味著學習的自由（Davies, 2003）。當克里斯托夫移動時，他會接收身體、四肢和頭部肌肉的運動知覺反應，並傳送至大腦，這些知覺反應幫助他認識世界，同樣亦是幫助他了解體驗，及幫助他學習的關鍵方式。

13

聲音的世界

克里斯托夫所處的環境周圍正在下雨，他媽媽習慣在下雨時用一個塑膠篷遮蓋他，但每次都會因他大哭而把塑膠篷收回去。

兒童通常會驅使自己去感受對自己有好處的事物；當雨水落到臉上，他能夠聞，能夠看得更清楚，也能聽到雨水落在人行道上的聲音、輪胎濺過水坑的濺水聲和車輛沿途駛過的沙沙聲。天氣使生命顯得更豐富多彩。

所有感官都會同步執行亦會互相影響。有些人會發現自己沒戴上眼鏡會聽得不夠清楚；或者有些人不喜歡透過電話談天，原因是看不見對方的臉。感覺並不能單獨運行，感覺的形成需要不同感官的配合。

　　克里斯托夫能夠感受空氣的味道，這是家庭中心裡禁菸的其中一個原因。

幼兒吸入菸味如同他們自己吸菸一樣，提高罹患癌症、呼吸道疾病和心臟病的機率；而且嗅覺和味覺關係非常密切。

Ratey（2001: 66）說：「研究指出，兒童上學的地方持續存在空氣污染問題，會增加嗅覺障礙的機會。」

兒童在城市或者工業區成長，通常嗅覺和聽覺都會受損。倫敦 GPs 報告指出，五歲以下的兒童如果呼吸管道受阻塞，則有可能會頻繁地患上感冒和短暫性失聰。

14　　　Orr（2003: 57）強調，透過感官和動作學習，對於有很多需求的兒童來說是很重要的；其中他特別強調嗅覺的重要性。他強調兒童要透過愉快和不愉快的氣味去學習，而香水則會遮蔽氣味傳給大腦的訊息。

識別到達的聲音

　　他們到達了目的地。直到現在，在路程中克里斯托夫的媽媽都沒有跟他說過話，但他已經意識到已到達目的地，並發出愉快的聲音；他向前用力拉緊嬰兒車。「克里斯托夫小心！」媽媽說。「我們快到了。」她知道跟兒子談話很重要，這是她帶他到家庭

中心的原因之一；使她更容易與兒子、員工和其他家長接觸、交流和聊天。

因為嬰兒車面向前面，推動時很難跟兒子說話（Griffin, 2003: 5）。大部分嬰兒車的設計都一樣，不讓兒童面向推車的人，但是面向兒童的推車設計反而會有助家長、照顧者與兒童交談。

語言和非語言的溝通

當他們到達門口時，珍妮跟他們打招呼，琳恩向他們微笑，克里斯托夫則興奮和愉快地不停舞動雙腿，並掙扎著想要離開嬰兒車，他整個身體都幾乎全伸向她。

當我們的身體伸向世界時，我們的思緒也一樣；它是一個整體系統，由大腦、身體和環境形成我們意識的內容……環境本身對我們的影響效力很大，幾乎可以說是大腦的附屬物（Carter, 2002: 183）。

克里斯托夫與珍妮有眼神接觸，他快樂地拍手；他媽媽鬆開皮帶，說：「噢！快！快！我知道你想出來！」他迅速地走向沙盤，拿起小鏟子，鏟起沙粒，觀察沙子掉下來。這就是各種非語言的交流。

「姿勢是語言的本質，而非附加物。」（Carter, 2002: 194）。

克里斯托夫的姿勢立刻「告訴」他的媽媽，她明白他想盡快離開嬰兒車走到沙盤。當她跟他說話時，就是「把字詞和姿勢動作聯繫在一起」（Carter, 2002: 194）。她在這種情況下給他很多關鍵字，例如「快」和「出來」；就是這樣建立時間和空間概念，

15

克里斯托夫在沙盤玩沙和他自己的恐龍

同時亦是開拓智能學習的關鍵部分。

- 快──關於時間的字。
- 出來──關於空間的字。

走路、說話和假裝扮演

　　大部分兒童大腦發展的前（開始的）二年都會進行這三種行為，會開始說話、走路和假裝扮演（DfES, 2003）。這三種行為的發展幾乎同時進行。克里斯托夫能走路，能說少量的字和詞，喜歡短詩和簡單的故事，也喜歡玩偶、布娃娃、小模型，同時他也喜愛在家庭中心玩著珍妮和他媽媽給他的動物或汽車等玩具。

　　他逐漸成為符號使用者，會用某東西代表某件事或物。透過感官和動

作展開學習，可以幫助兒童成為符號使用者。語言、裝扮遊戲及使用符號，是人類用東西來表示（代表）人事物的三種主要方法。「沙」這個字不是真正的沙子，它只是代表沙子，我們可以在克里斯托夫玩沙子時用「沙」字來形容它，也可以在沒有沙子時用「沙」這個字。 *16*

　　當他回到家時，他媽媽會對他說：「你今天想玩沙嗎？克里斯托夫。」「沙」這個字給克里斯托夫一種快樂的感覺。"movere"在拉丁文的意思是情緒。就如 Carter（2002）所說：這個字確實意味著人會因感覺讓身體上「移動」。例如，我們開心時會跳躍、憤怒時會跺腳。

　　克里斯托夫將學習卡素拜爾家庭中心提供的素材，他選擇花時間玩沙和玩小恐龍玩偶。開拓學習過程中，遊戲是很重要的，亦是幼兒學習的主要方式之一；遊戲能使兒童對物質和人產生感覺，並能使兒童在互動接觸過程中獲得更多知識；遊戲亦能讓幼兒運用想像和角色轉換，從現在這一刻立即轉移到過去和未來。

人的世界

　　除了所處環境會觸發大腦潛能外，人和物對於開拓嬰兒、學步兒和幼兒的學習也同樣重要。

　　克里斯托夫喜歡在沙中玩恐龍玩偶，但與珍妮、琳恩或所遇到的兒童在一起，玩才是他玩沙的重心。他的媽媽帶他到卡素拜爾家庭中心去玩職員提供的沙和恐龍玩偶；其他兒童亦同樣被帶到家庭中心玩耍。成人讓克里斯托夫選擇玩沙，其他兒童也加入與他一起玩，他們互相加入對方的遊戲中，開始了有同伴一起的遊戲，在成人的鼓勵下，享受與同伴在一起的時光。

陪伴的需求

　　人，無論是嬰兒或成人，都想有人陪伴在身邊。我們在感受、思考、

建立想法、行動和人際關係等方面，都會受別人的影響或會影響別人。因此，在研究大腦的發展同時，也會注意社會文化方面的發展。

17　　　那天除了克里斯托夫和他的媽媽，還有什麼人在家庭中心呢？克里斯托夫自出生至今都是中心的一份子。Lyn Tarlton 老師提到：

> 克里斯托夫出生後就參與了克雷格米勒的「嬰兒圖書」方案。他的家人對認識字詞十分感興趣，經常有人給他讀故事，他自己也很喜歡閱讀。參加家庭中心郊遊活動——在德拉蒙德的沙花利公園（Drummond Safari Park）遊玩時被拍下的照片，也會掛在牆上展示，他像中心內其他兒童一樣，經常看著那些照片；他把那些照片當作一本書去「閱讀」，回憶他那次郊遊的時光。

個人空間與陪伴關係

所有年齡的人都需要個人空間。縱使克里斯托夫只有兩歲，他也需要個人時間去享受閱讀和回味遊玩回憶，也喜歡有人陪伴的感覺，也喜歡與其他兒童分享故事，也會學著模仿做事，學著觀察他人實現想法的方式。這些都是非語言的交流。克里斯托夫和媽媽到達中心後，運用了一系列非語言的溝通，包括眼神接觸、臉部表情、微笑、張大眼睛、快樂地踢腳和歡呼。他媽媽提高聲調跟他說話，Colwyn Trevarthen（1998）形容

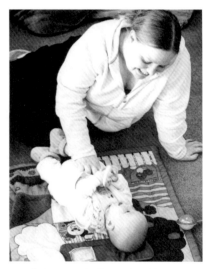

「兒語」與動作的原始對話

那是「兒語」（motherese）。「兒語」是生物學上正確地對嬰兒和學步兒

19　的說話方式，這是用另外一種聲調的聲音、押韻和語速的非語言溝通。

雖然這些非語言的溝通很重要，不過語言和符號也非常重要；因為語言和符號讓兒童突飛猛進得以超越此時此刻。因此，文字也就漸漸發揮其獨特的功能：

- 發展克里斯托夫抽象、靈活、想像和創新的思維。
- 使他能發展出不同的觀點，以助長人際關係。
- 幫助他建立自律。
- 幫助他理解自己的感覺。
- 幫助他處理自己的感受。

實際應用

18

- 當你陪伴年幼的嬰兒和兒童的時候，你會協助他們運用所有感官和動作達到有效的學習嗎？你有沒有提供多種感官的學習環境呢？
- 你有注意到哪些事物會吸引幼兒的目光嗎？有沒有跟他們說說感興趣的事物呢？
- 你會向幼兒展示，並指著其可能覺得有趣的東西嗎？
- 你會讓幼兒聽聽鳥叫，或聽馬路上的車聲嗎？你會這樣問嗎：腳踏車的聲音跟貨車的聲音相同嗎？是雨聲嗎？是雨水落在路上的聲音嗎？還是雨水落在公車頂上的聲音呢？這是刀子刮盤子的聲音嗎？還是腳步聲呢？
- 你會讓兒童嚐一嚐、嗅一嗅和說一說不同的味道嗎？如苦味、甜味、酸味和鹹味嗎？又或是氣味，如香水、有香味的花、灰塵和垃圾、發霉和腐爛物、秋天的葉子、堆肥和化肥、泥土和青草等？
- 你會鼓勵兒童去接觸、握緊或翻動東西嗎？你會讓他們輕輕抓住物體，或用力地揉麵團嗎？

- 你會製造足夠的機會讓兒童在活動中學習嗎？他們能否在室內和室外環境中自由地走動呢？
- 增進兒童的大肌肉動作發展才能誘發小肌肉（精細）動作的發展。要謹記，兒童經常坐著是不會促進學習的。
- 你通常是與兒童交談，還是對著他們講話而已？與兒童交談的意思是指你會聽他們說的話並做出回應，或者是你會談一些讓兒童很投入而且想談下去的事情。
- 當你與兒童交談時，你會蹲下來與他們平視嗎？
- 當你布置室內和室外環境時，你會蹲下來以兒童視線高度去察看裝置的東西嗎？

19

延伸閱讀

Bruce, T. and Meggitt, C. (2002) *Childcare and Education,* 3rd edn. London: Hodder and Stoughton.

Carter, R. (1998) *Mapping the Mind.* London: Seven Dials.

Gopnik, A., Meltzoff, A. and Kuhl, P. (1999) *How Babies Think.* London: Weidenfeld and Nicolson.

Makin, L. and Spedding, S. (2002) 'Supporting Parents of Infants and Toddlers as First Literacy Educators: an Australian Initiative', *Early Childhood Practice: The Journal for Multi-Professional Partnerships* 4(1): 17-27.

Meade, A. (2003) 'What Are the Implications of Brain Studies on Early Childhood Education?', *Early Childhood Practice: the Journal for Multi-Professional Partnerships* 5(2): 5-19.

心智與大腦

主旨

本章我們會探討大腦發展的漫長歷程，也會討論大腦與思考和學習相關的功能，包括：

- 建立神經連結。
- 逐漸修剪沒有用的部分。
- 形成記憶。
- 分泌神經傳導素，對恐懼和危險保持高度警覺，以及當我們身心狀態良好時，開啟和提升學習能力。
- 自覺地審視自己。
- 透過意識的發展，了解別人的思想、感覺和行為。

發展意識需要很長的時間，包括學習語言和成為符號使用者。在此時期，大腦會得到最大的發展，同時又是大腦最脆弱的時期。如果成人能根據兒童興趣和需要幫助他們學習，便能增加兒童對學習的積極性。

很難找到一本書或文章可以同時論述心智和大腦發展。Carter（1998, 2002）在著作中以通俗易懂的文筆，對大腦和意識一併進行探討。雖然理解克里斯托夫的神經系統和身體運作比理解他的心智更容易，然而，身體和心智都同樣重要，兩者都可以幫助我們深入了解克里斯托夫的發展，並且提醒我們克里斯托夫是一位全面發展的人。

21

我們的大腦經過數百萬年才進化成今日的模樣，而時至今日它仍然在不斷進化。大腦愈精密，它的體積就愈大；如果嬰兒大腦在出生前就完全發育，母親生產時就可能會有困難；故此，嬰兒出生時大腦並未完全發育，在出生後才繼續成長發育。這亦是嬰兒和學步兒十分依賴成人的原因。

由於我們是在一生中不斷學習的生物，所以大腦會持續不斷地發展和改變，那意味著我們能不斷適應、改良，並且靈活而有效率地使用新方法，運用已知的事物。我們知道克里斯托夫並非天生就有雙眼視覺，那是他大腦發展的結果，也是經驗累積的表現。同時，環境因素亦會塑造天性（Blakemore, 2001）。

克里斯托夫的大腦

Meade（2003）說，在大腦的千億個細胞稱為神經細胞，在嬰兒出生時已經在合適的位置上定形。「但大部分的細胞還沒有發育成熟，也沒有形成相互連接。」雙眼視覺在出生後兩個月開始發展，而大腦的其他區域則在不同的成長階段中發展。儘管克里斯托夫可以行走、跑步和跳躍，但是他還不會單腳跳和蹦跳。在語言方面，他已能操控聲音說單字、短語和簡單的句子。

　　大腦是中樞神經系統的一部分，中樞神經的其餘部分是脊髓神經和神經末梢系統（包括接收訊息的感覺神經和輸出大腦指令的運動神經）。中樞神經系統具有一組基因負責生長發育。換言

之，是「從尾至頭」（tail to head）的，大腦皮層則是最後才發育
的（Meade, 2003: 6）。

大腦的進化

克里斯托夫的腦幹細胞透過脊髓神經傳送訊息去控制他的呼吸、血壓
和心跳。這是爬蟲類腦的本能，也是他大腦天生的功能。當他意識到生死
存亡、恐懼和受到威脅時，腦幹會接管整個大腦。

克里斯托夫的小腦連接著腦幹，小腦與腦幹的連結大概是在哺乳類動
物的進化過程中建立的，負責動作的協調，有時被稱為中腦，或稱為哺乳
類動物的腦或邊緣系統。它是克里斯托夫的情感中心，也是負責處理長期
記憶的部分，它的拉丁文名稱是海馬迴（hippocampus）。

22

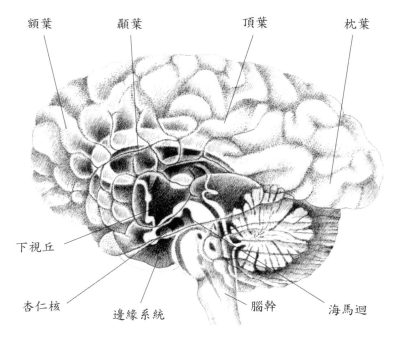

圖 2.1　大腦

杏仁核的作用是過濾生存和情感訊息再傳到大腦。海馬迴和杏仁核將短期記憶轉化成長期記憶。因為它們連接著大部分的大腦區域，所以對生死存亡和緊急情況的感應很重要。

視丘和下視丘處理安全或恐懼的感覺。它們透過五感得到外界訊息，然後把訊息傳到大腦的相關區域。

23

從上文可知道人類感覺的發展，由此我們亦能夠理解克里斯托夫對事物快速地反應，使自己安全活下來的原因。想要安全地活下來，最重要的是能依靠重要的人和能夠被愛。感覺可以使克里斯托夫聯繫事情發生時的反應和感覺，並且將當時的感受記憶保留下來，賦予意義；如果他對某件事情有強烈的感覺，就能產生長期記憶，所以我們常常很容易忘記那些沒有深刻體驗的事情，現在我們更能理解到克里斯托夫對他媽媽的依賴和愛是多麼重要，同時亦明白為何他那麼喜歡看到珍妮和琳恩，為何他那麼想與他們分享書籍、恐龍和沙盤。感覺使他體會到在她們的保護和幫助下，能大膽地與其他小朋友玩耍。

大腦成長的最新研究

人腦的思考比動物更靈活，因為人有四分之三的腦皮層是負責思考。它表面看似多皺摺的樹皮分為兩個半球，大部分時間都是獨立運作；但兩邊是連接在一起，互相依賴，這點一定要記住，因為兩半球的獨立運作經常被過分強調，而忽略了兩半球互相合作協調的功能。

有些人認為，克里斯托夫大腦兩半球的功能是各有不同，或認為他大腦內四葉負責的都是不同的工作，即使大腦各部分對他的行為確實是有各司各職各有不同的影響。神經學家 Blakemore（2001）和 Susan Greenfield（2000）不認為腦葉與解剖學有任何關係。但是，這些認知都是錯誤的。

枕葉與視覺連接，頂葉主要負責動作、辨別方向和計算，顳葉負責聽覺（聲音）、語言（理解）和部分的記憶，額葉則負責理解別人的情緒、個人情感，以及高層次思考，例如：計畫、做決定和剖析概念。這是有關

大腦功能的最新概念,這些功能直到二十歲才會發育完全。

　　神經元由突觸連結在一起,神經元會把電子訊號傳到克里斯托夫的肌肉或思維。軸的頂端透過突觸傳送神經衝動,再經由樹突接收;訊息透過化學神經遞質,從神經細胞的軸突傳送到樹突。克里斯托夫的突觸就是這樣負責對大腦的刺激或抑制訊息。

　　當鄰近的神經元一同激起信號,記憶就會產生。Carter(1998)把這種細胞一起激發、連結的情況稱為火燄之舞(fire dance)。克里斯托夫的感官(聽覺、視覺、觸覺、味覺、嗅覺和動覺)回路(火燄之舞模式)是局部性的。我甚至可以說,克里斯托夫的大腦是化學和電子組成的奇蹟(Rowland, 2002, personal communication)。

24

出生後前三年大腦的神經連結

　　當克里斯托夫的媽媽懷孕時,克里斯托夫的大腦已經開始形成突觸(連結)。當他三歲時,大腦會形成比成人多一倍的突觸〔嬰兒會逐漸失去看聲音(see sounds)的能力,亦稱為相連感覺(synaesthesia)〕。大量形成的突觸所產生的連結使大腦發育有更大的靈活性,因此,它能敏銳地感受和適應不同環境、經歷和場合。

　　儘管突觸會自然地減少亦是健康的發展過程,但也會遵循「用進廢退」的原則。這將有可能使克里斯托夫大腦變得更靈活、有強大的適應力、更富想像力及創造力,能回應快速改變的世界事物和觀念,以及發展自己的想法去處理、參與事情和做出貢獻。

　　克里斯托夫和媽媽前往卡素拜爾家庭中心;他們在那裡跳舞,一起玩不同的活動,例如:沙和水,一起烘烤食物,聊他們正在做的事,進行遊戲等;當他們回到家裡,能回想一起做過的事。這樣,不斷地靈活運用感官和動作,進行語言交流和遊戲,同時,透過學習亦可以加強突觸的靈活性,克里斯托夫便會記下對他日後有用的記憶(另見第三章)。

　　當克里斯托夫大腦的突觸被雕塑(或減少)時,髓鞘便會形成。髓鞘

是由脂肪包裹用以隔離軸突，這樣，連結便不會傳送不完整的信號，同時，亦會加快傳送速度。軸突從細胞核發出信號，樹突則接收訊息。當髓鞘建立完成，大腦的靈活性就會降低。這就是為何出生後第一年是這麼重要；個人的親身體驗，以及與人相處的經歷愈豐富，就愈能夠開發大腦的潛能。

> 感覺細胞形成的初期，可塑性是很高的——它們能夠改變功能。當神經細胞互相掛勾及被髓燐脂包裹時，它們就會失去大量（但不是全部）的可塑性。對它們來說，能夠移動到大腦皮層的特定位置和層面，對它們的功能有重大的意義。（Meade, 2003: 4）

神經傳遞物質

知道克里斯托夫的經驗質量將會影響化學物在大腦不同部位的作用是很重要的，這化學物質被稱為神經傳遞物質，它會開啟或關閉學習機能。從一方面看，克里斯托夫的感覺是化學物質；從另一方面看，他的感覺具有促使大腦成長發展的化學作用。

如果化學作用過程中有錯誤，克里斯托夫便不能好好學習。當他感到驚慌或恐懼，大腦就會產生內變物質，那會關閉他的學習機能並轉向保衛生存、戰鬥或逃跑模式。當他在玩沙或分享「湯瑪斯與恐龍」的故事時，大腦就會釋放血清胺（又稱為「感覺舒服」的化學物質），那會幫他學習新的事物，也幫他應用已有的知識。

意識

直到現在，我們關注克里斯托夫的大腦結構多於他的思維。大多數大腦活動都是在非意識層面，但 Greenfield（2000: 198）說：

> 人的腦部是一個極奇妙的器官，它以某種方式產生情感、語

言、記憶和意識。它給予我們理智、創造力和直覺的能力。它是唯一能夠自我檢查以及反思內部運作的生物器官——儘管人們很努力地研究，但內部運作的情況和原因依然是個謎。

脑部使我們能夠創造一個可以展示人類不同個性和天性的世界，腦部在單調和格式化的教養背景下發育，如處地獄間，亦有可能會局限我們的天性發展，逼使我們的天性和教養都處於單調和格式化的地獄。雖然自由意志是神經元發育成熟後才發展出來，但是我們可以掌握，可以決定實際的教養和發展方式。

事物意識與自我意識

請謹記，當克里斯托夫對一些事物有意識時，就會察覺事物的存在，這與自我意識是非常不同的。克里斯托夫的大腦還未發展出擁有自我意識的狀態，因為他依然在建立自我。我們將會繼續詳細討論這一議題，也會繼續探討所有與幼兒學習發展相關的事項（另見第三章）。

26

什麼是自我意識？

意識在哪裡？

Carter（2002: 115）指出，自我意識可能位於顱頂骨和太陽穴的邊緣系統。這是克里斯托夫記憶中的自我面貌，也是用以判斷自己與世界關係的位置。這裡與感官接收訊息的額葉皮質層關係密切。

透過感官、肢體動作和反應得到的具體感覺

當克里斯托夫藉由感覺和肢體動作學習時，實際上是在發展自我意識。克里斯托夫的顳葉負責儲存的個人記憶。他向珍妮展示媽媽給他的故事書時，運用觸覺和嗅覺去感受書的氣味和珍妮的氣息，繼而聆聽珍妮朗讀和

說話的聲音，以追求分享的樂趣。

語言具有增進意識的鷹架作用

顳葉也負責處理聲音。「語言有輔助增進意識的鷹架」（Carter, 2002: 115）。大多數人的左腦都負責處理語言文字，用以描述和說故事，幫助我們提升自我意識，使之更趨完善。

空間記憶

在我們能夠實際移動，能夠有意識地表達情感之前，我們的大腦皮層會先建立空間記憶、身體意識、視覺意識和模擬動作。

有協調能力的大腦

以上觀點都在說明克里斯托夫自我意識的形成進程。根據 Carter（2002: 245）所說的，克里斯托夫在身體周圍建立了一條分隔自己和其他事物、人的界線，使他擁有自我觀點。

克里斯托夫建立的自我意識能使他感受到超越自身的世界。為了意識到自己是克里斯托夫（Davies, 2003: 74-5），意識到媽媽是別人，他需要擁有個體和關聯性的觀念。不論他到哪裡，他仍然是克里斯托夫，而且他擁有：

- 自我以外的界線。
- 個人行事權的意識。
- 自我意識。

為了深化克里斯托夫的自我意識，我們還需要讓他建立：

- 希望。
- 夢想。

- 信念。
- 社交關係。

「以上所有感受都能夠在我們的大腦加以變換、引發，或是觸發腦內未連結神經元的聯繫。」（Carter, 1998: 245）。

成長

為什麼我們童年期這麼長

　　根據進化理論，兒童期愈短，大腦成長發展的靈活性就會愈低。以一隻畫眉鳥為例，牠在數星期的時間裡就能完全成長，能力就只能唱一個旋律，且音域狹窄。

　　克里斯托夫現在已經能夠說幾個字和唱幾首歌。人類大腦成長時間很長，所以靈活性很高。Piaget（1947）是首批挑戰有關「人類智慧在出身時已經存在並且是完全固定」的理論家之一，他發現智慧是從生活體驗中累積建立的；這使我們能夠對人和事物做出反應，根據情況和過往經驗靈活地思考。

　　兒童在童年時需要：

- 依靠他人以確保自身安全。
- 學習對自己的團體有歸屬感。克里斯托夫已經知道愛媽媽是怎麼一回事。
- 累積回憶作為現在和未來計畫的依據。
- 以動作、面部表情來溝通而不單只用語言。
- 建立最少一種（通常）語言和其他符號用作分享、交換、解譯、描繪、想像、創造、改變和表示想法，靈活地思考和學習如何理解自己的感受，以及如何面對和處理自己的感受以致不受傷害。

28

• 玩遊戲；因為遊戲能促進對生理和心理的發展，並且是體驗人生的一種有威力的途徑。

自我界限

觀察克里斯托夫和他媽媽的過程，我們察覺到幼兒是多麼吸引人。「學習」這個詞經常被套用在兒童表達想法和意見的時候。不過，兒童需要有安全感，一般在明確範圍內方可讓兒童有安全的感覺，在兒童發展、學習和炫耀過程中，他們亦需要別人給予溫暖和觸動。同時，兒童也要學會察覺、面對和處理自己的感覺，以及學會處理與所愛的人、朋友、長輩的關係。此外，兒童也要學習控制身體和動作的技巧。

開拓學習就是綜合上述各項議題的結果，這本書主要探討有關疼愛和照顧兒童的成人，應該如何小心地幫助兒童開拓學習的方法，讓兒童能全面地參與家庭和社群的生活。

發展是一個義廣意深的詞彙，對個別兒童例如克里斯托夫（或一個成年人）來說，這個字詞包含了理解、思考、關係、感覺、身體動作，以及體會、面對和處理感覺的過程，它包含一系列寬鬆和廣泛的意義，並不是狹窄和特定的旨意。它使人適應生活的體驗，使發展成為生活的中心；它的發生是自然的，但那些不追求發展的人就看不到它。它有兩個組成部分：身體上的發育和社會文化的影響。

大腦（生理和發展的進化）不是它自己能控制發展的，沒有他人，它亦不能發展。兒童需要透過他人而發展，意味著家庭、文化和世界亦是學習的組成部分。透過人、地方、事物和文化得到的體驗，使人的大腦得以成長發展。透過接觸他人，與所處地方的互動，大腦才會被塑造和改變。而且，它早已內置與他人建立關係的可能性（Trevarthen, 1998）。

學習

　　當學習者被照顧和培育時，學習才能深化；學習這個詞對不同人有不同的意義。

　　強調學習結果的學習取向較著重學習成果和目標，與另一種著重認知理解的過程取向是完全不同的，過程取向著重學習過程要理解感覺和關係，也會將文化背景視為兒童智力的軸心。本書是強調學習的過程和心理素質（Katz and Chard, 1989; Laevers, 1994; Pascal and Bertram, 1999）。Carr（1999: 81）提出有助兒童深入理解和認知事物，能促進學習的五種心理素質：勇氣、真誠、堅忍不拔、自信和責任感等。但是，成人經常施加壓力導致兒童內在動機常被扭曲。此書不單只強調學習的過程取向，更強調學習的發生；同時，拓展學習必須兼顧學習過程和結果。Bruner（1977）相信，當我們幫助兒童學習時，一定要確保在學習過程中具備高度注意力，他也認同過程必會引領兒童走向一定的水平。

蒐集關於知識發展的論據

　　神經科學、認知心理學、社會文化研究和人類學等先後提出能幫助兒童學習的有效策略，均強調學習必須透過直接體驗（感官和動作），並建議利用書本說和聽故事，以演繹方式理解故事，把話編成話劇劇本，透過角色扮演巡遊想像世界，也可透過探索事物來學習（例如，當看到花園裡的蜘蛛，會翻閱書籍查看資料）。

　　如果學習能真正配合兒童的興趣和需要，兒童便會更好地發展和學習（EPPE, 2002）。因為我們認為兒童應該學習某樣事物，但這並不代表我們真正令兒童學習。克里斯托夫玩了一會兒沙後，再走到嬰兒車旁，從掛在車上的小書包內拿出他的新書《湯瑪斯與恐龍》。他說：

「讀給我聽！讀給我聽！讀給我聽！——這是我的新書！」
不論是年幼還是比較年長的孩子，一開始都會對這書產生濃厚的
興趣。開始時，由我們提供一系列的恐龍玩偶、海報和書籍。克
里斯托夫可以躺在媽媽膝上享受閱讀這些書籍的樂趣；後來，他
媽媽也買了類似恐龍玩偶和書籍當作克里斯托夫的聖誕禮物。
（Tarlton, 2002）

克里斯托夫已經發展出認字能力和閱讀的興趣，而且已成為喜愛讀書
的人；因為珍妮根據觀察去遷就克里斯托夫的興趣，她能夠滿足他的學習
需要；假如這情況持續下去，他將會成為一個終身學習者。

大量學習的時期也是極度脆弱的時期

神經學家 Colin Blakemore（2001）提出大量證據證明學習時期是極度
脆弱的時期。因此，我們要特別謹慎處理這個時期。如果成人漠視克里斯
托夫對書本的喜愛，反而要求他正式上課，他絕對會抗拒這種轉變。克里
斯托夫選擇與珍妮一起看書是一回事，而珍妮讓克里斯托夫與她一起看書
又是另一回事；因此，學習過程需要花多一點心思考慮哪些東西是真的學
會。

與此同時，成人亦需要注意兒童身體發育狀況，並依下列觀點拓展兒
童的學習：

- 尊重並支持兒童的興趣。
- 擴大兒童的興趣達至更深、更廣闊和鞏固的學習，包括少量新
  的知識。
- 根據上述二項觀點設計學習計畫，讓兒童參與所屬文化和社會，
  讓兒童開拓更廣闊的世界。

上述三項觀點與多個國家的幼教課程框架所宣導的觀念是一致的，例

如，英倫四國、紐西蘭的 Te Whariki、義大利北部的彼斯道亞（Pistoia）、瑞吉歐艾蜜利亞（Reggio Emilia）、芬蘭、冰島、挪威、瑞典和丹麥等。

依兒童的興趣和需要開拓學習

在卡素拜爾家庭中心裡，克里斯托夫的朋友對恐龍都很感興趣。如果要像 Charles Darwin 那樣了解恐龍，他們仍需要很長的時間。但西蒙和布蘭妮對於恐龍是否會咬人很感興趣，他們查看牆上海報所展示的恐龍模型圖片之後，開始構思一段模仿恐龍的話劇表演，讓工作人員知道他們對恐龍真的很感興趣。因此，員工們告訴兒童有關恐龍的事，也提供了相關的道具和書籍。

其實，只要我們用心教養和培育兒童，就能夠給兒童情感支持；當中 *31* 包括要有互相尊重的關係，要關注兒童的健康和營養，也要關注兒童的疲勞感覺。此外，由於依賴感覺對兒童很重要，因此也要關注兒童的感覺（Elfer, 1996, Buckingham and Freud, 1942; Manning-Morton and Thorp, 2003; Forbes, forthcoming）。同時，維持兒童身心健康、妥善照顧兒童、珍視兒童的需要等均十分重要。珍妮和琳恩的目光都聚焦在克里斯托夫的智力發展，所以，也很重視他對恐龍的興趣和喜愛。

 實際應用

- 幼兒的學習不應操之過急。你有提供足夠的時間讓嬰兒和幼兒翻動、探索和發掘東西嗎？方式是各式各樣嗎？幼兒可操弄的物體有沒有包括顏料、麵團、沙、水或青草等幼兒可以推拉的呢？

- 你會營造和諧、溫暖、親切的氣氛，讓兒童自由去嘗試嗎？你協助兒童身心發展時，是否干預太多，或是經常變動可行的方法和範圍呢？

- 你說的話是否過多？兒童說話時你是否會聆聽，以及是否中斷他們的話。事實上，兒童希望你告訴他們日後能使用的詞彙，因此，你需要說清楚才能幫助他們運用詞彙。

- 你會幫助兒童了解他人生理和心理的感覺嗎？也會幫助兒童理解不同人的感受嗎？談論這些情況時，是以非主觀方式幫助兒童步入終身學習的過程嗎？

- 你會鼓勵兒童假裝扮演嗎？你會鼓勵兒童想像泰迪熊或娃娃的感覺嗎？你會幫助兒童布置小小世界進行假裝扮演嗎？

- 你會讓兒童認識文學嗎？你會讓他們逐步嘗試研究他人的不同感受和想法的產生過程嗎？

32

延伸閱讀

Carter, R. (2002) *Consciousness*. London: Weidenfeld and Nicolson.

David, T., Gooch, K., Powell, S. and Abbott, L. (2002) 'Review of the Literature to Support Birth to Three Matters: A Framework to Support Children in Their Earliest Years'. DFES/Sure Start.

Griffin, S. (2003) 'Selecting a Pram Which Encourages Communication Between Adults, Babies and Toddlers', *Early Childhood Practice: The Journal for Multi-Professional Partnerships* 5(1): 5-7.

Murray, L. and Andrews, L. (2000) *The Social Baby*. Richmond: CP Publishing.

Chapter 3

自我意識

主旨

　　生物進化和社會文化觀點持續不斷地影響開拓學習的進程，此兩種觀點亦會互動混合、反應和改變。

　　穩當地建立兒童的人際關係，能夠幫助他們抵禦人生中的挑戰。

　　兒童透過依賴一些重要的人的具體化過程，透過明白別人如何行動、感覺和思考，提升其自我意識，繼而進一步拓展學習。這可以讓他們深化自己的想法和思想，學會與他人相處，成為一個獨立的人。

　　Carter（2002：9）認為，兒童出生後大約需要三年時間，才能發展自我意識，他說：「意識可以說是一種『亮燈』狀態，是我們對周遭環境的一種感覺，察覺周圍的事物。」自我意識就是克里斯托夫意識到自己是一個有思想和感覺的人，這稱為自我或自身觀念，它包含身體意識（具體化觀念）以及開始留意自己的想法（後設認知）。

具體化觀念——知道我是誰

自我形象、自尊和自信是自我概念的組成部分，亦是發展理解和明白自我概念的主要元素。

Carter（2002: 8）提醒我們：「大腦和身體不是分開的——大腦可延伸其觸鬚直到腳指尖，大腦支配著身體的同時，身體亦同樣支配著大腦。」

34　心智、身體和靈魂——結合在一起

讓兒童感到身體有一種內在舒適感是很重要的。自尊與自我形象緊緊相扣，連結在一起。就如我們常說的：「今天我覺得自己不像自己。」我們在身體上確實可以感覺到自我。Davies（2003: 1）強調發展身體動作時建立自信的重要性：「由於幼兒的動作被視為每日生活的一部分，因此，在教育中被認為是理所當然，有時常常被忽略，這是很危險的事。」

金美倫堂會鼓勵兒童去尋找他們自身的存在價值，以發展積極和正面的自我形象和自尊；幼兒在三至五歲期間，是自我認同意識剛剛建立的時期，這種感受是非常脆弱的，所以要特別關注幼兒這方面的發展。

在金美倫堂，瑪麗亞有很多機會發展和學習身體相關的活動，對自身、自我形象和自尊可產生強烈的具體化觀念。這幫助她成為可意識到自身價值的自信學習者。

瑪麗亞對自己身體的認識（具體化）的其中一部分內容，是開始理解「我是我，我是怎樣的」。例如當她在空間移動時，她可以：

- 在空間中建立自我界限。
- 開始意識到「我」在體驗事物，「我」在移動。
- 發展自我作用，明白「我」能爬和做事。
- 開始意識到「我」在過去和現在都是「我」（自我獨特性的意識）。

給兒童實際的支持

靈活而多變的攀爬架和滑梯實際的學習工具，鳥巢狀構造的攀爬架可以組合變化出不同的玩法，亦即是說當兒童熟悉了一種組合玩法之後，他們可再挑戰其他新的組合，這樣就可以擴展他們的學習。

由於照顧者的觀察能力很強，以致他們能有效地顧及兒童的需要，所以，當兒童想要熟悉和重複使用相同的組成來鞏固知識時，照顧者都能提供機會。

知道你是你

35

一群兒童（三至五歲）正在花園玩滑梯；在花園進行學習時，瑪麗亞對自己的動作愈來愈有信心，她正在找出如何使身體平衡，同時會感到舒適的動作（Biddulph, 1997）。她覺得現在可以成為那群兒童的一份子，而玩滑梯時亦不再需要成人在場。

建立強烈的理解自我和能力的意識

可是，當她前後都有人的時候，她對自己能否在木板和攀爬架之間保持平衡而不跌倒感到焦慮。因此，她躊躇地坐下，等前面的男生走到滑梯上。那個男生轉身察看她的情況，意識到她很緊張。當木板沒有人，她搖晃地走過去，不能充滿信心和放鬆地去完成這次自發的挑戰；當她走到木板的另一邊，她轉身去察看後面的女孩子是否離她太近，那位女孩與她眼神接觸交流後，瑪麗亞便放心了。

36

她可以不用手扶著走下滑梯，但走下滑梯時，她全身是繃緊的；當她走到底部時，她微笑著然後再次嘗試。她透過同伴的陪伴，透過同伴給予她溫暖的支持，讓她去完成一些對自己來說並不容易的事，因此，她滿意自己和身體的協調性，亦克服了自己對能否完成事情的焦慮。

我在時間和空間裡是什麼？為什麼事情會這樣發生？

我們需要回顧這三項層面的相關經驗，幫助幼兒思考一個問題：我是誰？這十分重要，因為認識自己能有助學習。

- 在時間中我是誰（過去、現在和未來）？
- 在空間中我是誰？
- 發生在我身上的事（因果關係）。

這三項都是發展學習的核心，讓我們一生受用。科學家（Carter, 2002）知道，在某個想法形成之前，大腦已經開始準備進行一些必需的動作。時間和空間的理解及因果關係，在意識形成之前早已存在我們身體之內；這幫助我們思考我是誰？和你是誰？

觀點的建立

Erikson（in Bruce and Meggitt, 2002: 160; Erikson, 1963: 264）指出，在
1950 年代，兒童建立了強烈的和正面的自我認知後自然會充滿自信，對生
命感到樂觀和充滿希望。這類兒童不會缺乏自信，而且會是自主和主動的
人。兒童透過自我定位開始有自己的見解（Carter, 2002: 221）。

跨文化的區別

37

我們要盡量避免單一文化的培養方式。西方國家比其他地方更傾向於
將自身看作獨立個體，並非屬於團體的一部分。然而，團體意識經常會在
合唱團、群舞或群眾的活動時出現，例如，2003 年時超過一百萬人在倫敦
抗議伊拉克戰爭，就顯現出這種團體意欲。

有特殊需求的兒童

有些兒童有某種結合動作、感覺、語言溝通和學習等發展遲緩的問題，
即被稱為有特殊需求的兒童。他們可能經常需要住院或在家照護，並且需
要技術支援，所以生活受到很大的限制。

Lilli Nielsen 對有特殊需求兒童的研究，讓我們知道自我意識的重要
性。她說，有一位兩歲的失明男孩，雖然他能在沒有支撐的情況坐下，也
能在別人牽著時走路，但他從來不會自動自覺地走路，他只會坐著，輕敲
自己的下巴。

> 第一次與他接觸時，我成功地打斷他呆板的行為，並引發他
> 對事物的興趣。我們分析這件事的原因，是為了找出改變他的行
> 為模式。
>
> 現在已很清楚，雖然男孩已周圍摸索過，首先是抱著走，後

來是牽著走,但是他對空間關係仍沒有認識;因為他的行動使他對周圍的環境缺乏認知。他對活動的需求不高,導致自己身體經常表現出呆板行為。(Nielsen, 1992: 51)

那些沒有感官發育障礙的兒童,會自然地發展身體和智力的空間關係。兒童會逐漸有意識地接觸物體,並感受動覺的反饋。Orr(2003: 50)列舉了大衛的例子。Orr 給他一頂警察的帽子和送牛奶員工的鴨舌帽,讓他選擇。他說:

38

> 我一直渴望郵差的故事,因為我喜歡他被狗追的部分。我仔細想想我該如何要求拿到這裡沒有的帽子,我想要的那頂帽子仍放在窗邊有靠背長椅上的箱子裡。我把頭和身體轉向帽子大概的位置……她觀察我的動作說:「所以你兩個都不要?」我認為這樣很好。(Orr, 2003: 50)

當兒童能夠坐起來時,他們學習如何保持平衡以至於在伸手去碰人或物體時不會不穩而倒下(Mandler, 1999)。大衛需要思考其他對策來拿到他想要的東西。

Davies 的觀察結合了 Nielsen 和 Orr 的觀點:

> 肢體動作不能從人類官能中分割開來,在兒童發展中,動作經常得不到重視,因為它隱藏在內,一直都不被視為有效的教育良方,直至自閉症、注意力缺陷過動症、腦性麻痺或情緒障礙等不正常、無力的病症出現後,肢體動作才開始被重視。(Davies, 2003: 1)

Orr 指出,當有特殊需求的兒童與物體進行互動時,當他們在思考身體與物體在空間移動的同時,如果有人一直與他們說話,他們會得到不同的體驗,這情況就好像你在寫作業時有人在旁邊不停地說話一樣。嬰兒和

學步兒的情況也是一樣，我們要知道跟兒童說話的時機，陪伴在兒童身邊的時機，同時，要讓兒童對事物感興趣，亦要抓緊安靜下來的時機，成人要對這些兒童的需要有相當的技巧以及敏感度。

Nielsen製作專為特殊需求兒童而設的「小房間」，另外，Goldschmied（Goldschmied and Jackson, 1994）製作專為能坐起來的嬰兒設計的寶物籃，他們都認同要給予兒童機會，並且不要阻礙兒童去探索空間和事物，這是十分重要的。

小房間

對失明的兒童來說，了解物體的位置，就如同明白在某方向該做出什麼的動作去觸碰目標物。因此，「小房間」和周圍布置是十分重要的，讓兒童能學習到某種動作，給他某種觸覺和聽覺的體驗，了解到不同的方法都能接觸到相同事物，並且明白到以不同的肌肉力量來觸摸某樣物體能製造不同聲音。（Nielsen, 1992: 60）

39

「小房間」是根據兒童的需要而建造的，它比那些在大街上買到的廠商製造的嬰兒床更合適，是專為躺臥的嬰兒學習發展而設計的，「小房間」對兒童很有幫助。Forbes（即將出版）提出觀察嬰兒玩耍的重要性，以及根據觀察提供物體讓嬰兒摸索。Nielsen 製作小房間（給有特殊需求的兒童）的方法與製作寶物籃（給能坐的嬰兒）的方法關係密切。當能夠迎合兒童的個別需求時，不論兒童年紀多大以及是否有特殊需求，最重要是他們都能夠獲益，這就是我們所提出的工作原則。通常對有特殊需求的兒童有效益的（「小房間」），對所有兒童都會有幫助，大部分兒童都能受益於在「小房間」的體驗。

在個別訂製的「小房間」裡，物體可以掛在天花板上或牆上。選擇物件的標準是：

- 能引起兒童興趣。

- 能被抓緊。

- 有觸感並且能發出聲音。

- 有不同的重量和溫度。

- 有適合嗅覺和味覺的感官刺激。

- 能吸引視線。

- 能激發算數遊戲。

- 可以改變形狀。

- 可以進行比較的。

- 有足夠的數量讓兒童有機會：

  －選擇。

  －結合體驗。

  －玩不同的遊戲。

（Nielsen, 1992: 72）

讓幼兒進入「小房間」前要先確認好，「小房間」內的物體是觀察兒童興趣後而擺放，而不是設計者認為「這是兒童需要的」而擺放。

40

寶物籃

Goldschmied設計寶物籃的目的是鼓勵能坐起來的嬰兒去探索空間的物體，讓嬰兒能專心地享受這種較高水平的活動。可是，在我們的工作原則下，寶物籃也會給年齡較長有特殊需求的兒童使用，根據他們的年齡做適當的調整，讓他們享有獲益的體驗。

成人可能覺得介入嬰兒的活動並不難，最難做到的反而是要保持安靜的專注於活動中。試想當我們專注於一些有趣而要求高的活動時，我們不希望別人在旁不斷地提出建議，又喋喋不休地

稱讚我們的努力，即使我們喜歡有其他人友善的陪伴在旁，但是，我們其實只想獨自進行這個活動。這一點，嬰兒和成人沒有什麼不同。（Goldschmied and Jackson, 1994: 91）

Goldschmied指出，會坐但不會爬的嬰兒，會透過操弄寶物籃的寶物而有所獲益，因為寶物籃有以下作用：

- 籃內有一系列有趣的物體。
- 能促進感官和理解力的發展。
- 寶物是以自然材質組成（無塑膠製品）。
- 成人會專注活動，但不會積極地參與或干預。
  （Goldschmied and Jackson, 1994: 97）

迅速恢復精力的兒童

二次大戰時，Anna Freud（Burlingham and Freud, 1942）研究那些從倫敦撤離至郊外，或逗留在倫敦的婦女和兒童。她發現那些留在母親身邊的兒童，在經歷過炸彈轟炸、痛失家園和接連不斷的遷移後，情感上並沒有受到損害；然而，與所愛的人分開卻會造成深切的悲痛感受。當他們與兄弟姊妹在一起時，悲痛感會減低。

在我們生命中，擁有珍視我們及無條件地愛我們的人是很重要的，但不是每位兒童都能在家庭中體驗到這種親愛的關係。其實，與其把注意力完全投注在有關這些兒童的悲觀狀況及其發展問題，倒不如用心思考如何幫助兒童愉快地、善於交際地、聰明地生活下去。

41

以下就是從「零到三歲關鍵」（Birth to Three Matters）計畫（David et al., 2002）研究中心的信息中挑選出的兩個論點，如下：

（幼年）……經驗在不斷前進的生命路程中只是一小步，這

路程或順利或曲折、經驗或提升或稍減，主要都是取決於個人及其背景的雙向互動關係。（Clarke and Clarke, 2000: 105）

生命的轉變被認為是過去經歷的產物，亦可視為驅動未來的契機。（Rutter, 1989: 46）

研究指出，一個關鍵人物的影響力可以幫助兒童克服早期的問題或缺點，這個關鍵人物可以是老師或朋友，他們能幫助兒童面對生命中的挑戰（另見 p. 70）。

研究人員指出，兒童在幼年時至少需要一位可依賴的人，給他們感受極為親切且具相處價值；他們相互間都會很在意對方。具相處價值的重要要素之一，是能讓兒童擁有積極的自我意識，以及能讓兒童達成目標，與同此時他們亦會為此而感到自豪。（David et al., 2002: 38）

依附和安全

依附理論

這是 John Bowlby 在 1950 年代提出的理論。Holmes（1993: 202-3）寫道：「現在正在興起 Bowlby 無法想像的新家庭模式。」不過，Bowlby 的基本原則仍然有其作用。

- 父母需要保護好自己，也要帶給子女安全感。
- 與重要的人分離會損害兒童的安全感，還會引發狂怒和破壞、發呆、絕望和拒絕，這些情況會持續至兒童與那人和好為止。
- 如何讓兒童把世界塑造成有意義的模樣。
- 兒童會守護他的安全感。

42

- 兒童不會將迷失感任意的擴大，反而會修復這種感受。
- 修復情感的歷程可能會呈現扭曲的狀態。
- Darwin 認為，人之所以會生存和成長，是因為他們懂得團結、給予他人支持和互相溝通。
- 所有人類都有安全感的需求。

我們要謹記，雖然各地兒童天生都有依賴行為，然而，這種天性在不同文化中會以不同的方式呈現。

擁有安全感

Mary Ainsworth（1969）的早期研究，是建立在 Bowlby 有關依賴和迷失的理論上，她創立了「兒童需要一個安全的基地以擴展他們的社交圈」的理論。

然而，文化差異顯示兒童的依賴特性有多種形式。全世界的兒童都沒有一種共同的方式表達自己對所愛之人的依賴感，成人也是一樣。有些人會送他們喜愛的人到火車坐位上，然後揮手說再見；有些人就傾向於在售票處說再見，然後盡快離開，不回頭看。

考慮幫助、損害或壓制兒童學習發展的方法同時，應該思考依賴和擁有基本安全感的重要性，包括兒童在家裡、與幼兒照顧者或保母、團體相處的時期。

Manning-Morton 和 Thorp（2003）、Elfer、Goldschmied 和 Selleck（2002）研究這理論時，參考了日間幼托機構經常應用的關鍵人策略。

作為兒童的關鍵人

兒童的家人或照顧者能成為兒童的關鍵人，對兒童來說有很大的益處。Manning-Morton 和 Thorp（2003）與幼教專業人員展開的研究發現了以下的問題：

43

- 幼教專業人員在地區和家庭的事務上花了大量時間。
- 兒童得到工廠生產線式的照顧（一個跟著一個洗澡、上床睡覺等）。
- 兒童被視為一個團體，而不是一獨立的個體。
- 過多的命令及嚴格控制兒童。
- 不重視依賴關係。
- 幼教專業人員被視為團體的一份子而已，像機械的鈍齒，很容易替換。
- 家長與幼兒園是分離的，家長參與度低。

　　他們指出一個在倫敦康登區（London Borough of Camden）與倫敦城市大學（London Metropolitan University）聯合企劃的研究結果，與 Bain 和 Barnett（1980）的早期研究有共通點，並且補充了 Hopkins（1988）的研究發現。雖然員工支持有關兒童需要依賴親密和溫暖的關鍵人的理論，除非能提供幫他們補足情感需要工作能力的培訓，否則他們不懂得實踐這理論。

　　因此，Manning-Morton 和 Thorp 建立了一個認可的培訓課程，現被英國廣泛應用，其中包括有關幼兒工作的問題。幼教專業人員在日間托育機構工作時，常常壓制或者凍結自己的感受。所以，幼教專業人員需要輔助以了解自己的感受，明白問題發生的狀況，為了他們自己、家長和兒童，建立應付狀況的策略。

　　當兒童在其母親離開幼兒園時，會悽慘地哭，幼教專業人員常感到心痛，這種自然的情感反應常會轉移給兒童，其實兒童需要去感受分離狀況。如果成人說：「你不喜歡媽媽離開，對吧？但她稍後會回來。你想不想坐在我大腿上等媽媽呢？」兒童通常會接受這種來自關鍵人明白他們感受的支持，接受這種明白他們感受所給予的溫暖和積極的情感支持。

我和你

　　將自己完全進入至他人感覺及想法的方式是不可能的事。我們可從前

面的章節看到,這對成人來說確實是很難的事。

學步兒建立了自我意識,但由於人類是群體生物,在學習走路、說話 *44*
和角色轉換的同時,也在學習如何理解他人。

> 當兒童能說話時,他們會談論自己和他人的想法。兒童首先
> 會集中談論欲望、觀念和情感,例如,他們所見、所感受和希望
> 得到的,而不是他們所想和所知道的。幼兒大約在十八個月大時,
> 會開始學習角色轉換。他們需要知識,也要有自己的想法——知
> 道什麼是真實而不是虛假的——這些都是創造力的首要條件。大
> 約三歲時,兒童會開始講述自己的想法(例如:「我認為糖果在
> 櫃子裡」)。四或五歲的兒童開始意識到人會有不同的想法,在
> 不同的時間也可以有不同的想法,這稱為「心智理論」(Theory
> of Mind)。(Blakemore, 2000: 6)

預測別人想做的事和感覺

與其他學者提出有關開拓學習的觀點一樣,心智理論的建立不是自然
而然地發生。兒童先要學會預測別人會做、感到和要求什麼,才可以預測
別人會想知道和相信什麼。

即使是學步兒,也會知道拿走四歲哥哥最愛的玩具車會觸怒他。幼兒
都意識到,雖然玩具車對他沒有什麼意義,但對他的哥哥卻很重要。

預測別人的感受

接著,幼兒看到兄弟跌倒碰痛膝蓋而哭泣時,可能會拿玩具車給他,
因為幼兒知道這舉動有安慰作用。雖然玩具車不能安慰每一位跌倒的兒童,
但他知道不同人有不同的安慰方式。

預測別人的思想和想法

45 Sarah-Jane Blakemore（2000）指出，兒童能透過感官明白自己經歷的事。兒童明白別人喜愛的食物跟自己不同，他們明白自己喜愛香蕉，但不會拿香蕉給不喜愛香蕉的朋友。了解人的不同想法是比較困難的事。Frith（1992）做了一個證明心智理論的實驗。那位了解莎莉腦中想法的兒童，走回房裡找彈珠給她（見下圖）。

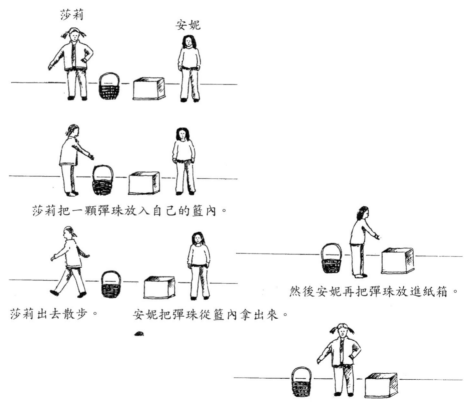

莎莉 安妮

莎莉把一顆彈珠放入自己的籃內。

莎莉出去散步。 安妮把彈珠從籃內拿出來。

然後安妮再把彈珠放進紙箱。

現在莎莉回來，想玩彈珠。到底莎莉會在籃子或紙箱找自己的彈珠呢？

圖 3.1 莎莉與安妮的錯誤信念任務

在自然環境觀察兒童效果更佳

　　莎莉與安妮的實驗，幫助我們理解和確定了 Judy Dunn 的開創性研究，她於 1977 年與 Martin Richards 在劍橋和（後來）賓夕法尼亞州參與的一項長期追縱（縱向）研究。她說（1988: Preface）：「與實驗室環境對相比，我覺得研究兒童在自己家庭環境中的表現顯得更重要。」她想知道家庭經驗對兒童的影響，同時找出使兒童悲傷和不安，以及找出使他們高興、興奮和感興趣的原因。

46

　　她用正面的態度挑戰了 Freud 提出的傳統觀點——認為兄弟姊妹會引起競爭和騷亂，但是她發現沒有研究能夠檢核這一傳統觀點；多年來，她的研究發現，實情比 Freud 的觀點更為正面，她的論點指出必須保證年長的兄姊與新生嬰兒會得到同樣的對待。

　　她於 1982 年與美國心理學家 Carol Kendrick 開始合作，並且點出傳統且沒有事實根據的理論，使我們進一步明白心智理論與兄弟姊妹的關係，正如她說的：「家庭生活如戲劇般令人興奮」（Dunn, 1988: Preface）。她發現：

　　　　最令人驚訝的是，除了長子長女外，一些年幼的弟妹早在兩歲的時候，就可明確而實際地掌握煩擾或安撫其他兒童的方法；這事實已超出我們想要理解幼兒的範圍，使我們期待有更多與家庭的情感世界相關的研究結果。（Dunn, 1988: Preface）

再看 Piaget

　　這兩個不同的例子來自 Frith 和 Dunn 的研究，證明了 Piaget 的重大貢獻。兒童一直到四或五歲，他們的思維都是以自我為中心，正如 Sarah-Jane Blakemore（2000）指出的，他們透過知道別人的想法、思維和信念來理解

他人。

　　Dunn已經向我們表明，在兒童會走路、說話和轉換角色時，他們就開始能明白他人的感受，但只在愛他們的人和他們愛的人的範圍內。這與 Margaret Donaldson（1978）的研究工作很接近，研究中顯示，兒童在涉及「人類感官」以及深刻、熟悉和有意義的事情時，會有更高層次的表現。

47　　Frith 和 Dunn 的研究支持 Piaget 的主張（Piaget, 1947）──兒童脫離自我中心是智力發展的過程是一個偽觀念。可是，這個 Piaget 術語以相當負面的方式看待兒童。近期這方面的術語已轉變得較正面，是以兒童發展心理理論的說法代替脫離自我中心的說法，透過與他人的情感交流，兒童逐漸明白其他人的信念和想法。

不同的心智理論

心智理論有不同種類。Ratey（2001: 140）指出：

> 一種說法指心智跟大腦是一樣的；另一說法認為心智與大腦是完全分開的，心智與靈魂或其他相同性質及大腦運作也沒有關聯。除了這兩種說法之外，還有介於此兩極端說法指出，認為心智是大腦冒出來的特質──它是大腦運作的結果。

要記住，人類在其一生中都會不斷地：

- 認識物質世界和其他人。
- 重溫已知的事物。
- 加入新知識。
- 隨時間改變他們對事物的看法。
- 建立一個象徵層面的世界。

心智是「大腦運作的結果」這個觀點對整理概念很有幫助。

心智理論的發展意味著兒童學習如何了解他人內心的想法，兒童有能力明白他人的想法和感覺，但這跟嬰兒時期所表現的情緒感染不同，他們會很快地「捕捉」其他嬰兒和他人的感覺，如果有一個嬰兒哭泣，其他嬰兒就會跟著哭。

單單捕捉他人的感覺與了解他人腦中的想法兩者是不同的。要明白他如何思考和感受，這跟同理心是不一樣的。同理心是指你設身處地感受他人的感受。

心智理論的發展比同理心更進一步。湯姆（三歲）對媽媽說朋友傑森到他家玩耍的情況，他說：「如果他跌倒了，不要擁抱他，只需要跟他說話，因為他討厭像我這樣被擁抱。」湯姆有同理心，他知道自己朋友受傷時需要安慰。他實踐了心智理論，知道安慰每個人的方式都是不一樣的。湯姆喜歡被擁抱，傑森則喜歡言語上的安慰。

48

記憶的重要性

發展心智理論對建立情節記憶有深遠影響。發展情節記憶對幼兒意識自己和他人的想法和感受都很有幫助。Carter（1998: 162）說：

人們保留記憶的方式是很特別的，大腦會以不同方法處理它們，這些記憶稱為情節記憶，通常源於時間和空間的意識。它們包括「在那裡」的記憶，是個人的⋯⋯當我們回憶時，它們能重整很多埋藏於內心的當時情況。

這種記憶（重建之前的內心狀態）包含相同份量的情感與思考。Joseph Le Doux（in Caster, 1998: 98）強調：「我們腦中情感的部分比起理性的部分，對我們的行為有更大的影響。」這與 Piaget 的理論（我們稍後會在本

書中探討）一致，Piaget 認為當你沒有感受時，你不會有想法；但他也強調當你沒有想法時，你不會有感受。

不同類型的記憶

程序記憶

> 如何騎自行車
> 根深柢固的習慣
> 記錄在尾核

恐懼記憶

> 恐懼症
> 記憶回溯
> 記錄在杏仁核

情節記憶

> 個人情感
> 回想過去的回憶
> 儲存在腦皮層的不同區位
> 提取額葉皮層的記憶

語意記憶

> 腦皮層記錄的事實
> 編碼在顳葉的腦皮層區域
> 提取額葉的記憶

感覺，記憶的基礎

掌握我們的經驗幫助我們學習。我們可以利用過去的經驗，來建立有關我們和他人如何表現、感受和思考的實踐行動理論。這能力可能是從身

體成長生存系統中建立的。

根據 Carter（2002: 158）所說的，感受會約束我們的感官知覺、感受和記憶，有如一個無縫的整體。明白感受是思想的根本，這幫助我們有效地培育幼兒。意識和心智理論的發展在拓展學習過程中攜手並進。

不過，我們能透過觀察他人如何思考與理解他人的信念，幫助作為人類一份子的我們去溝通、分享和交流思想，並建立抽象和高層次的思考。

 實際應用

50

- 你所在的地方會設有關鍵人的制度嗎？
- 你會輕聲地對兒童說話，讓兒童感到受重視地注視著他們，並且讓他們感到受重視嗎？
- 你會與同事談論有關你與遇到困難或感到憂傷的兒童相處時的感覺嗎？這是否是你團隊合作的任務中一個有價值和重要的部分呢？
- 你會著重為具挑釁性、有特殊教育需求、發展障礙，或很容易被忽略的兒童尋找輔助方法嗎？你會尋找方法幫助兒童維持在最平靜的狀態和開放的環境中學習嗎？你站在他們那邊嗎？還是你只想控制和塑造他們，讓你的工作更輕鬆呢？
- 你會營造有利的氣氛，使具挑釁性的兒童不被其他兒童拒絕嗎？如果你堅持不贊同和抱持批評觀點角度，將會發生哪些情況呢？

延伸閱讀

Davies, M. (2003) *Movement and Dance in Early Childhood,* 3rd edn. London: Paul Chapman Publishing.

Forbes, R. (forthcoming) *Beginning to Play from Birth to Three.* Maidenhead:

Open University Press.

Manning-Morton J. and Thorp, M. (2003) *Key Times for Play: The First Three Years*. Maidenhead: Open University Press.

Nielsen, L. (1992) *Space and Self: Active Learning by Means of the Little Room*. Sikon (available from RNIB).

Orr, R. (2003) *My Right to Play: A Child with Complex Needs*. Maidenhead: Open University Press.

幼兒的社會與 文化發展

主旨

　　這一章內容強調受社會文化影響的兒童開拓學習的例子，主要圍繞以下三項討論內容：

- 刀──學習準備食物。
- 圖書──作為兒童參與社區活動中最具影響力的文化產物。
- 舞蹈──被認為是最古老的文化體驗形式。

　　探討成人採用直接和間接教導文化的方式，其中可以發現部分議題都有共通觀點，不論在生理或是社會文化層面上，都強調教育兒童應著眼於讓兒童自己拓展學習。

　　在卡素拜爾家庭中心，妮可的母親祖莉加入了切水果的家長小組。妮可看見人們用刀來準備和進食，她努力看著那是怎麼一回事，同時不斷用手轉動碗。後來，她媽媽教她用刀，然後讓她

自己操刀。此時，妮可用微笑表達自己有動手的自由和能力。

　　刀子已不再只是切東西的用具，它成為妮可成長文化的一部分；她之所以想用刀，是因為她認為能夠用刀是一個崇高的象徵。她認識刀的用處，同時她覺得用刀是屬於成人的行為，她正努力模仿成人的行事方式，但是同時，並不是所有家庭或文化都會經常用刀，有些是用筷子或手指。所以，妮可這次用刀的經驗很重要，使她意識到自己是誰，體驗自己與他人的關係，這些都是受到刀這種文化產物影響。

52　　　成人所用的文化產物對兒童有很大的吸引力，他們似乎很早就意識到那些東西對重要人物來說具有特別意義。當兒童看到有成人拿著食譜準備食物，所有用具成了兒童的主要文化產物，並且富有吸引力。幼兒非常渴望能像成人那樣使用那些器具，努力地參與成人的文化。

刀是社會文化的工具之一

因為幼兒在生活中完全依賴那些照顧自己，與自己相處的成人，難免會急於想參與成人所做的事，以及使用成人認為重要的文化產物。

圖書開啟走向文化的道路

媽媽祖莉和妮可是克雷格米勒嬰兒圖書方案的一份子，可以說，圖書是幫助妮可融入文化的核心產物。在妮可嬰兒時期，已經有成人開始給她導讀，所以她很早就認識書。圖書具有幫助人融入社會的功能，在大多數文化中都有這種重要的影響力。因此，不能閱讀或書寫的人會感到很難完全融入文化，致使很多父母都以此作為優先的文化活動項目。Davies（2003: 2）指出，父母在鼓勵幼兒閱讀和寫作方面付出了大量的精力、時間和努力，但令人悲哀的是，與此同時，家長們很容易忽視了其他層面的文化生活，例如視覺藝術、戲劇、舞蹈和音樂等，甚至疏忽了創造力和問題解決能力等科學家所需的能力培養（Bruce, 2001a）。

53

新生兒

新生兒的家庭會被邀請加入克雷格米勒嬰兒圖書方案，同時，衛生隨訪員會送上一本硬頁童書。

兩個月

家長在健兒門診服務處可以獲得嬰兒圖書方案的書袋，裡面裝有另一本書和其他物品，包括書籍清單、幼兒資訊、海報、童謠卡、身高圖表和圖書館讀者申請表等。此計畫的工作人員會在門診服務處向父母和照顧者講解與嬰兒一起看書的方法。

七個月

嬰兒七個月大時，家長在門診服務處可以領到一個閱讀起步走的書袋，袋內裝有兩本書和其他物品，包括方案的相關資訊、童謠墊布和書籍清單。

方案的工作人員會在服務處向父母和照顧者解釋與七個月大的嬰兒一起閱讀書籍的方法。

十個月至一歲

方案的工作人員會到各家庭探訪，此時父母可以申請及會由當地圖書館提供書籍，方便與幼兒一起分享閱讀。

兩歲

兒童兩歲體檢的時候，參加的家庭可再免費獲得另一本精選的書。

三歲

方案工作人員會為三歲兒童舉辦一次幼兒園銜接活動。「活動中會有機會讓家長與方案工作人員輕鬆地交流，討論有關子女進入幼兒園會遇到的問題……一如既往的有歌曲、詩歌等活動。」每位兒童都會得到一個背包和一本書。工作人員會根據資料庫中的紀錄，將活動的邀請函送到所有三歲兒童的家庭。

前三年的整體工作

各項活動和外展工作

此方案會透過各種不同的接觸管道，接續不斷的為各個家庭提供支援服務，如家訪、探訪小組和圖書館活動，這些工作是協助親子探索各種方式，發展語言和其他重要的家庭共處習慣，重點是要建立共同學習和培養良好的溝通力。此方案除了這類活動和各種多樣化的非正式接觸之外，同時亦提供許多資源，如傳單、海報和其他與識字有關的材料。

還有每月下旬都有一次讀詩活動，2002 年 2 月曾舉辦由 Lyn Tarlton 帶領的「雪花舞」（Dancing snowflakes）讀詩活動。

活動刊物

　　所有克雷格米勒嬰兒圖書方案的活動狀況和相關資訊，包括韻文和圖書等，都會詳細刊載於季刊中。季刊內亦會推薦早期學習語言的愉快方式。

　　還有其他專業資訊，如學步兒的親子小組、幼兒教育和成人學習等。父母或照顧者亦可以透過其他代理和服務機構獲得指導和意見。

　　對家長和照顧者來說，在瞬息萬變的世界中撫育子女是很不容易的事（Kalliala, 2004, in press）。事實上，並非所有家長在童年時都對閱讀感興趣，加上很多父母對學校的呆板和單調的教學方法都有負面的經驗記憶。如果所有家長都支持著重地區文化的活動，如識字活動，對兒童幫助會更大。在英國，沒有信心讀寫的人會遇到一定的障礙。以下是參與克雷格米勒計畫中的家長感言。

凱蒂的媽媽

　　早點拿到這些書籍是件好事，凱蒂很喜歡這些書籍。提供書籍給我們，讓我們不用到處去買書。家裡放著這些書籍，我們就隨時可以看書了。

　　凱蒂已經加入圖書館成為會員，並開始借閱圖書。我們參加嬰兒圖書方案，現在凱蒂甚至可以說「圖書館」這個詞了。

戴爾的媽媽

　　嬰兒圖書方案是一個很好的構想，對孩子們很有幫助。戴爾不僅有方案提供的圖書，我們還給他買了很多書。

　　我們也會參加圖書館的活動，每次去圖書館，戴爾都會說：「嬰兒圖書方案！」我喜歡與別人一起參與讀詩活動，講故事的人講得非常好。我也很喜歡木偶工作坊──真的很有趣！

　　還有一樣額外的收穫，就是每當戴爾到圖書館，他都會直接去拿玩具，我很高興戴爾能夠接觸其他孩子，此時，我也可放鬆

55

和靜坐休息片刻。

戴爾不斷地從嬰兒圖書方案中獲益，他可透過看書和圖片來學習。現在他看到東西時已能說出其名稱，這可以幫助我教會他更多東西。

我認為孩子們應該擁有圖書。在診所內放圖書是一個好想法，因為有些人可能不會去圖書館參加嬰兒圖書方案。

協調主任的報告

協調主任的報告中表示，令人興奮的旅程已經開始，實質方式對其他幼教專業人員往前邁進發揮著重要作用。

克雷格米勒有著悠久的學習型社區的積極發展歷程，然而，這項方案有別於一般傳統刻板的觀念……。

在 1996 年方案首次提出時，40%的本地中學一年級學生的閱讀年齡水準是九歲或以下；該地區的幼兒園教師教導的兒童當中，大部分都有說話困難的情況，這意味著這些兒童進入小學時，發展至少落後了兩年。

儘管圖書館針對家長和照顧者已進行了廣泛的推廣和促進活動，當地圖書館招收到四歲以下的會員仍然很少，這個年齡範圍的活躍註冊會員只有 5%。這表示家長不常帶年幼的兒童到圖書館，兒童只有到幼兒園或學校才有接觸圖書和閱讀的機會。

翻閱協調主任有關觀察父母對話的報告，以及家庭積極參與年幼子女的導讀圖書活動，說明這些活動都很有吸引力，而且這方案也配合政府現行政策。

行走、說話和角色扮演

我們知道在學步兒時期，行走、說話和角色扮演是同時發展的。

56

書籍也是另一種社會文化工具

步行是一種文化活動

　　成人往往會把家具用心地擺放，並保持適當距離，用以鼓勵嬰兒行走，這樣嬰兒就可以從一件家具走向另一件。當嬰兒能確實地用雙腳站穩時，正是過渡至學步兒期的時刻。成人和年齡較大的兒童會歡喜地激勵搖搖欲墜的學步兒持續走下去，也會為學步兒能成功地走路感到高興。可以說，成人和年齡較大的兒童能在旁協助發展，學習就會發生。

說話是一種文化活動

除非兒童脫離人群，聽不到人們說話，或是沒有人跟他們說話，不然，要兒童停止學習說話是一件很困難的事。

當兒童學習語言時，成人可以給予很大的助力。Trevarthen（1998）指出，成人與嬰兒和學步兒說話時，很難不提高音調和韻律，也很難不放慢速度說話。因此，我們都會很自然改變說話方式。但是，正如 Elizabeth Bates（1999, Programme 1）所強調的，在兒童學習說話過程中，最有效的協助方法，是成人指向正在說到的東西，並強調重要的字。幼兒的知識世界主要來自了解事物在空間和時間上發生的方式，以及事件和情況發生的原因。

57　使用文化符號

兒童不會知道什麼是舞蹈，除非有人表演給他們看和鼓勵他們參與。這是否完全正確呢？我們似乎傾向於模仿他人。不過，這與複製是不一樣的，模仿是取得一個意念，將它重組以適合另一環境。妮可能看到有人用刀切肉或麵包，但她會取得切割的概念，用刀去切香蕉和其他水果。大腦很自然會傾向想做某類活動，如模仿和參與他人做事過程，兒童特別想參與他生命中重要人物的活動。我們會受到生理的衝動而去行走、說話、想像和模仿；這些人類發展的行為是刻印在我們大腦中。

一般家長受英國文化影響，都會較著重學習與讀寫有關的文化產物活動。只要兒童主動參與文化產物活動逐漸累積到更廣泛、更豐富和更深入的經驗和知識，他們將更具潛能成為喜愛讀書和主動的終身學習者。

嬰兒圖書方案最成功的特點是包含各類文化活動，如舞蹈、音樂及戲劇等，能提高兒童自我意識，亦能讓兒童與所愛的人和愛他們的人互動。

參與舞蹈和音樂

在兒童之家幼兒園內，兒童（三至五歲）可以認識屬於其文化的舞蹈，包括傳統蘇格蘭舞蹈、加納（Ghana）舞蹈和現代迪斯可舞。許多家長準備了蘇格蘭舞蹈，也樂意與幼教專業人員一起鼓勵子女參加。在兒童之家，照顧者和幼兒園保母都會教導兒童舞蹈。其中有一位媽媽在加納成長。幼兒園重視這種文化關係，所以也邀請一位非洲籍的說故事人員 Gift Amu Logotse 與大家分享他的故事、鼓聲和舞蹈。

跨文化的舞蹈形式

在威爾士和北愛爾蘭的課程中，有一部分內容是學習文化產物和象徵符號。在威爾士，兒童會學習威爾士語。在「基礎階段的課程指引」（DFES/QCA, 2000）這份英國官方文件中，尚未明確指出一項屬於英國的文化產物。

蘇格蘭和非洲舞蹈都各有其獨特的舞步，所有文化屬性的土風舞與人類歷史一樣久遠，正如 Paul Harris（2000: ix）所指出的：

> 在舊石器時代末期（Upper Paleolithic），始於大約四萬年前，人類文化發生了一場革命，一般認為導致革命的原因，可能是人類開始擁有，甚至是突然瞬速發展出新的獨特能力；其中一個解釋是深度顱部組織的轉變。使人類可以製作出大量較當時實際使用更為完善的工具，並會思考建造能長期定居的住所。無論如何，除了張羅食物和住房的轉變外，也出現了一些與實際生存沒有太大聯繫的活動，例如，洞穴繪畫、各式各樣具風格的用具、身體裝飾品，及新式喪葬習俗。

58

加納的舞蹈與音樂

　　兒童參與任何一種土風舞都可以從中獲得經驗。這些舞蹈動作包括環式隊形、線式隊形、蹦跳、跳躍和奔跑等。雖然形式不同，但蘇格蘭舞和加納舞都有這些動作。世界各地的古代文化中，可找到這些類似的舞蹈動作。動作的組成會因應各人所屬的文化而產生變化，這樣亦突顯各種文化舞蹈的特色。所有文化的舞步與隊形的聯繫，可能是代表了行為模式與大腦發展的共通之處（Athey, 1990）。

59　　讓我們觀察在兒童之家幼兒園的兒童參與舞蹈的方式。

蘇格蘭舞蹈

　　這是學習蘇格蘭文化產物（舞蹈、舞步和文學）課程內容的其中一部分。

　　當有兒童聽到道地的蘇格蘭風笛手（校工）吹奏音樂時，有的兒童會

隨著音樂起舞，他們不必按正確的舞步舞動。事實上，正如 Baker（2002）
指出：「克萊兒和朱蒂在超過三十分鐘的時間內都在創作自己的舞步，並
輪流領舞。」他們穿著格子短裙和自己的衣服。

　　他們的舞步很大程度上受到其蘇格蘭舞蹈基礎的影響，其舞步包括了
背對背換位、蹦蹦跳跳和擺動雙臂等動作，都有著傳統土風舞的形式，他
們亦會邀請成人加入。克萊兒是一個非常有自信心的蘇格蘭舞者，她雙手
置於臀部蹦跳著，其他人也跟著她的動作舞動。她和朱蒂臉上都有完全投
入舞蹈的表情，且表現得非常高興，這次舞步創作及與大家共舞的經驗，
使她們得到不少成功感和滿足感。

　　在群體中聞歌起舞，那種深層的滿足感確實難以取代，那種屬於團體
一份子所帶來的歸屬感，也是各種本性的核心（Bruce and Meggitt, 2002:
1-2）。

　　兒童和家庭都需要這種屬於團體一份子的感覺，感覺自己屬於某個小
群體，覺得自己被重視、尊重和包容是特別重要的。兒童需要建立正面的
自我形象，這種形象通常是由周圍的人所賦予的。若兒童被狹隘地定型，
就會局限他們的發展空間。很多時候，人們對個別兒童會無意中表現差異
的對待，所以，必須提醒參與實驗的家庭要理解被歧視的感受，並要想辦
法避免表現出類似的行為。

環形舞

　　有趣的是，跨文化的環形舞向來都有調控舞者的作用。因為當手拉著
手圍圈跳圓形舞時，很難讓人任意舞動雙手。環形舞和遊戲其實不應受地
方限制，舞蹈本身已能給舞者一種安全的感覺。「環形遊戲是全年都受歡
迎的活動——兒童會常常聚集一起，在空曠的花園中玩環形遊戲。」（Baker,
2002）。

60

創設室內和室外的跳舞空間

　　兒童之家裡本來就有一個空曠的地方可以讓兒童跳舞，有時候兒童會用鼓和其他樂器創作自己的音樂，有時則會選擇自己懂得的音樂。這多數是受到當時課程影響而對不同的音樂產生興趣，目前他們感興趣的是芭蕾舞的音樂。

與舞伴的動作協調一致

　　湯姆和利亞姆享受每次舞蹈創作的機會，他們會把金光閃閃的褲子套在衣服外面。當組成隊形跳舞時，有一半的視線會留意舞伴的動作，並且集中精神地協調舞伴的腳步。他們肩並肩，一個接著一個輪流與不同的人跳舞。每當輪到利亞姆和湯姆對跳時，利亞姆會朝著湯姆微笑，在他們的舞蹈中，亦會融合了少許曾看過的芭蕾舞步。

　　當音樂漸次加強，轉為芭蕾舞音樂時，湯姆和利亞姆才真正穿上那些衣服。他們穿上了緊身襯裙以後，便開始「穿著細緻質料的裙子搖動時，也在觀察別人如何跟隨音樂的節奏，並且創作屬於自己的舞蹈；當他們詮釋音樂時，還可以提供海報和有關芭蕾舞者的書籍讓他們認識戲劇。」（Baker, 2001）。

　　在音樂帶領下，崔兒喜穿著與蘇菲類似的服裝，布蘭登則在其衣服上穿著像湯姆與利亞姆那樣金光閃閃的長褲。他們透過觀察其他兒童取得靈感，然後讓音樂帶領著他們。他們應和著他人和音樂，而不是在意志和行動上重複已編成的舞步。

　　湯姆和利亞姆開始運用屬於自己的舞步創作編舞，並會完成重複一系列的動作。當音樂變得愈來愈吸引人時，他們回應著、應和著音樂的變化，而不單是編寫舞步。兒童都需要以上兩種經

驗，另外，成人讓兒童謹記舞步亦很有幫助。兒童年幼時應傾向
於讓他們應和音樂，而非編寫舞步（Davies, 2003）。

創作獨舞

在同一個舞蹈場地內，蘇菲正全神貫注地創作自己的獨舞；
她穿著長及小腿的褶邊襯裙和純尼龍緊身的胸衣，思考著雙腳與
雙手的協調動作，腳踏著小舞步，其手臂筆直地向前伸出，頭也
抬高了。她跳的舞蹈其實與湯姆和利亞姆所編排的舞蹈很相似，
也是輕輕地跳著芭蕾舞般的舞步。每個人都沒有受到其他人影響，
各自有自己的舞步，也形成與舞伴截然不同的舞蹈。

61

湯姆和利亞姆喜歡自己創作的固定舞步，而蘇菲則快樂地投入自己的舞蹈中

專業編舞者通常會編好舞才選擇合適的音樂，謹記這一點對編排兒童的舞蹈很有幫助。

Maureen Baker（2002）寫道：「四位男孩創作了屬於自己的舞蹈，在這裡，音樂只屬次要地位，最重要的是可以一起創作舞蹈。」協調四位舞者是一件非常複雜的事情，經協調後，這支舞將會在日後某場合中作為表演的開場節目。

62

表演

兒童早在幼兒時期就知道某些舞蹈需要觀眾，例如跳芭蕾舞時，兒童會用大型「社區玩具」內的空心磚塊砌成一舞台。當他們跳蘇格蘭舞時，則不用製作舞台。他們經已開始學會區分民歌、社區舞蹈，和更多優秀、專業的舞蹈類型。

他們已經吸取了大量與其成長文化有關的知識。

加納的舞蹈

兒童之家幼兒園內有一個來自加納的家庭，由於本地家庭對此類非洲舞蹈並不了解，因此法蘭（一位家長）幫助學校將這種舞蹈引入課程和教學中。她穿著傳統的服飾，與打鼓的 Gift Amu Logoste 一起，在群體活動時與兒童一同起舞，陸陸續續有幾位兒童加進來一起跳舞。有趣的是，由充滿自信的迪斯可舞者布拉德利帶領舞蹈，並邀請馬爾庫斯與他共舞。這兩位男孩受到法蘭的舞蹈方式影響，穿著幼兒園提供的加納服裝，與舞伴一起跳著傳統男子舞蹈。

迪斯可舞與加納舞蹈

布拉德利的演出證明了 Gopnik 等人（1999）在其創新書籍（ground-

breaking book）內所強調的論點。我們會用已有知識幫助自己做不懂如何做的事，同時也需要別人幫助。布拉德利將認識的迪斯可舞融入傳統的加納舞蹈中。

> 他將原先認識的西方音樂節奏融入非洲鼓的節奏中，而法蘭的女兒艾朱則跟他相反，她運用加納舞蹈的基礎知識去跳迪斯可舞。她和加里一起在家中角落起舞，她邊跳邊把左手搭在他的肩膀上，她用另一隻手抓著加里的手；他們隨音樂展示舞技，兩人看上去都相當興奮。

63

交際舞——協調的舞步

> 克萊兒和布拉德利在家中角落跳舞時，喜愛模仿男人和女人跳華爾茲的姿態。布拉德利把右手搭在克萊兒的肩膀，並用左手握著她的手。克萊兒則用左手環抱著他的腰，並用右手握著他的手。然而，他們意識到這跳法還不是很正確，所以他們並沒有很興奮。

直接或間接地教導

成人經常會有疑問什麼時候該進行直接教導，什麼時候該放手讓兒童自己解決問題。這時候就需要幼教專業人員，他們了解兒童，可以清楚知道兒童的舞蹈經驗，並且做出專業判斷，只有幼教專業人員方可根據其專業知識和經驗做出主觀判定和行動。

其實，這還取決於成人本身對不同舞蹈形式的了解程度，有時候兒童知道的比我們更多（Bruce, 2001）。

> 布拉德利能夠跳出非常複雜的迪斯可舞步，他大概是從家人和舞蹈班那裡學會的。雖然香儂不像他那樣會跳舞，但他也能夠

帶領舞伴,她也可讓他帶領自己跳,這有點像傳統交際舞和某些迪斯可舞,由男士領著女士跳舞一樣。

他面對著她站立,他們手牽著手,然後他舉高雙手,在空中交叉雙手,用交叉手讓舞伴轉身。這時能看到兩位孩子對自己跳出正確舞步而感到興奮的神情。

從他們的表情中可以感受到那份興奮,因此更需要珍惜這種學習的時刻。他運用已有的迪斯可舞知識跳舞,同時,與新舞伴跳舞也是另一種新的體驗。

64

迪斯可舞者布拉德利,和他的舞伴一起添加了一些更為詳盡的舞蹈動作

在舞蹈中學習跳舞

　　布拉德利示範在學校以外的迪斯可舞班學過的動作，例如，俯臥時用雙手支撐著腹部貼地，同時雙腿向後伸。他很少向別人展示舞步，也不會教別人跳舞。但是，這次當他跟香儂一起跳舞時，他卻引領著香儂舞動，一同起舞。在跳舞的同時學習舞蹈，以外，觀察他人舞步，然後將動作再跳出來，亦是學習舞蹈的方法。

　　兒童之家幼兒園的孩子都是在蘇格蘭長大的，所以對蘇格蘭舞十分了解。有部分孩子知道迪斯可舞是英國，甚至是世界文化的一部分，原因是校內有位員工與社區內某位專家（法蘭，一位家長）交往密切，曾邀請這位校外專家參與非洲鼓的活動，並到幼兒園介紹加納舞蹈和音樂。

65

社會文化方面的拓展學習

　　舞蹈、繪畫、雕塑品、建築、自然研究、科學、數學理念、故事、詩歌，以及閱讀和寫作等等，全都是開啟思維世界達至更崇高境界的媒介，透過此等媒介我們可以認識所屬文化，以及知識型社會的價值觀準則。

　　兒童成長文化背景中所遇到的人物、事物和地方，都會影響兒童成長，而且在兒童成長過程中占有重要地位。我們可以藉這些人、事、地來拓展兒童社會文化方面的學習。此外，社交關係雖有助兒童的成長發展，但亦可能會限制和損害其發展。

　　我們擁有的文化經驗會驅使自己用特殊方式去觀看世界，有些兒童體驗過或曾積極參與過幾種不同的文化，也有些兒童只是在單一文化背景中成長。在單一文化中成長，會嚴重妨礙兒童發展其靈活性，亦即本書根據心理學家的心智理論所提出的不同方式去理解和做事的思維，也會受阻礙。

遺傳與環境

社會文化和生理方面的發展是相互依存，這對於拓展幼兒學習是非常重要的。研究人員對於「發展僅僅受惠於遺傳抑或環境」這一議題，歷來爭辯不已；其中，社會文化即屬環境，而遺傳則包括生理學、遺傳學、大腦發育。

遺憾的是，經常都只出現支持其中單一面的極端主義的人。事實上，除非遺傳有環境的支援，否則遺傳與環境都不能單獨存在。

兒童拓展自我學習的原則並非偉大理論

後現代理論家 Lyotard（1979）呼籲不要再尋求所謂開拓學習的「偉大理論」；他認為，兒童的發展與學習不能夠只根據單一理論或觀點作基礎。

兒童的發展與學習各有不同方式，這並不意味所有觀點提出的方式都一樣好。若是折衷的一概接收，將發現某些觀點所用的方式是互相牴觸的，而導致觀點混淆不清，也會導致兒童的教育觀念變得沒有邏輯。

兒童教育的工作必須有一致性，在幼兒拓展學習方面，最佳途徑是運用不同的相關理論，總結出合適的理論要點。

進化的角度

Dahlberg 等人（1999: 17）致力於建立：「人的思維要轉變才能開闢新的希望和期望，才能選擇探究及解決的方案，才能開啟新的理解和觀察方式，因此，要展望可見的將來，而不是緬懷過去，也不應悲觀地假設前景。」

這表示幼教專業人員需要不斷地改革創新，確保個人思維和行動能更積極活躍。

這有別於 Gammage 的提議（in David et al., 2002），他認為，我們必須不斷分析那些已知的，偏好的和正在運用的理論。這是一種循序漸進的

66

方法，可確保行動的活躍度，並向前邁進。本書也支持這種作法。

必須謹記的是，文化背景與兒童拓展學習的所有理論都同樣存在限制性。

- 有些理論有助於了解大腦成長發育中的發展狀況。
- 有些理論有助於認識當前研究人類大腦發展的知識。
- 有些理論可幫助探討兒童拓展學習的文化層面。
- 有些理論有助於理解兒童的感覺和人際關係。

我們必須知道各理論的適用範圍。此外，Gopnik 等人（1999: 157）提出這樣的觀點：「只需對已有知識再做審核、修改，便能從中獲得新的知識，永遠不會從零開始；人對已知的事物（或自認為已知）總是能做進一步修改，所以也沒有恆久不變的論斷。」

即使是對一如既往的事情做出新的嘗試，我們也常常會改變已有的想法。有些幼教機構的團體故事時間是安排在上午進行，也有一些是安排在每日教學活動結束前進行。這就是 Carter（2002: 202）稱為「類似」的情況，促使我們去反思做過的事，並提出質疑。所以，在各類幼教模式中的幼教專業人員都會反思其對所屬兒童和家庭的工作的改善空間。

67

運用已有知識展開理論應用

可以檢視幼教先驅者，如十九世紀的 Friedrich Froebel，或是二十世紀初的 Margaret McMillan 建立幼兒園的作法，把他們那時候的作法，與後現代學家如 Burman（1994）和 Dahlberg 等人（1999）所爭辯的作法對比，也是很有幫助的。

- 我們可以找出這些幼教先驅者和後現代思想家所提出的共同點。
- 我們可參考過去所建立的事例幫助更新現有的專業術語，可以利用已有知識去了解更多事情，同時調整原先的「類似」概念。

- 我們可以探討這些幼教先驅者和後現代思想家所提出的主張是否有微妙或鮮明的差異，是否有任何這種「類似」（near-to）概念？
- 這將可以幫助我們了解自己想繼續做什麼，知道有哪些事物是需要調適、改變或丟棄的。
- 除非我們已經查明過去的事，否則我們將會遺漏很多記憶。此外，運用過去和現在的知識來幫助我們面對未來，這種鍛鍊是非常寶貴的。

　　探討當代理論過程，弄清各理論分歧的觀點，可以幫助我們思考各理論的指導和實踐方向；找出各理論間分歧之處很有趣，亦即是當你運用觀點相反的其中一套理論時，則意味著你若同時運用另一套理論的話，就會存在矛盾。

　　有些理論是支持幼教專業人員的作法，使具體作法更有內涵，同時將作法及論據內容總結，剖析理論與實踐間的共同之處。幼教專業人員很自豪自己能同時運用多套理論，這本書運用理論的方式亦是如此。

68

實際應用

- 你所屬的機構是社區的主要幼教機構嗎？你有積極鼓勵父母參與活動嗎？
- 兒童和家庭融入社區的過程，你有沒有策略或提供協助幫助他們增加歸屬感呢？
- 你如何尊重每位孩子的文化？
- 你會向兒童介紹社區內所有成員所屬文化的食物、服裝、手工藝品、舞蹈、音樂、藝術、語言和社交禮節嗎？
- 你會精心挑選各種文學和非小說類文學作品的書籍，幫助兒童和家庭去思考和理解社區內外的人嗎？

- 你會將每一位兒童視為有獨特且具個性和特殊興趣的個體嗎？在你所屬的幼教機構中，你如何確保孩子能每天都出席呢？

延伸閱讀

Brookson, M. and Spratt, J. (2001) 'When We Have Choices, We Can Have Vision: An Exploration of Play Based on an Observation in Reggio Emilia', *Early Childhood Practice: The Journal for Multi-Professional Partnerships* 3(2): 11-24.

David, T., Gooch, K., Powell, S. and Abbott, L. (2002) 'Review of the Literature to Support Birth to Three Matters: A Framework to Support Children in their Earliest Years'. DFES/Sure Start.

Davies, M. (2003) *Movement and Dance in Early Childhood,* 2nd edn. London: Paul Chapman Publishing.

Murray, L. and Andrews, L. (2000) *The Social Baby: Understanding Babies' Communication from Birth.* Richmond, Surrey: CP Publishing.

Woodhead, M., Faulkner, D. and Littleton, K. (1998) *Cultural Worlds of Early Childhood.* London: Routledge/Open University Press.

Chapter 5

溝通

主旨

溝通對人類的發展極為重要，嬰兒自生命啟動後就開始與他人溝通。我們除了會與人溝通，也會與自己溝通。在溝通交流過程中，我們會使用不同的方式作橋樑，一般會用語言或符號，也會用身體語言和姿勢、面部表情、聲音和動作、停頓和沉默。

本書論述很多有關溝通不同層面的內容，在舞蹈、音樂、視覺藝術、詩歌、故事、戲劇、文學中，我們使用的是符號。

人類是唯一能以符號溝通的動物，同時，人類亦是喜歡群居的動物，大部分生活在家庭和社區裡，所以，交流討論過去、現在和未來事情、想法、感覺和關係就有著重要的意義。事實上，人類大腦傾向於使用複雜的符號進行溝通，因此我們絕對不可限制兒童只能使用狹隘和簡單的符號，導致兒童創造思想、感覺和人際關係的潛能被磨滅。

與幼兒相處過程中最大樂趣，是看到他們對事物表達強烈興趣，以及對不同形式溝通的熱情。我們不要摧毀或損壞這種天性，反而必須以尊重和敏銳的心來培養它。

與自己和他人的互動

溝通前首先要接觸自己，正如俗語所指的觸摸自己的心，接著才與他人接觸，與別人交流意見。溝通時我們會使用言語，有時也會用其他方法；我們可以用動作、音樂、聲音、視覺、觸覺、嗅覺和味覺體驗，以至圖像和雕塑等方法。

有時我們會靜靜地與自己說話。其實，根據 Bendall（2003: 1）的說法，我們與自己說話時是在運用個體的語音迴路（phonological loop），這亦將有助於學習新字詞。

另外，我們經常會大聲對自己說話，幫助自己更集中注意自己說話內容；即使成人可能否認這種方法，但事實上，兒童和成人都經常大聲對自己說話。

語音迴路與 Bendall 提出的「視覺空間掃描」（visuo-spatial sketchpad）是一致的，皆可以幫助我們立刻做決定；原因是我們會受到親自看到和聽到的內容所影響。

大部分人都會用很多時間與他人相處，不同文化背景的人在溝通方面所花的時間確實存在極大的差異。

在現實中，我們大部分的人都身處於幾個不同的團體；幼教機構是其中一種兒童和家庭一起參與的團體，家庭又是另外一種團體。大部分在家的溝通都是一種自然學習的過程，家人之間的互動和溝通亦屬於非正式的。

大班式的兒童教育

我在早期的著作中（Bruce, 1997: 142）曾撰寫有關在日間時段讓兒童進行大班教學的問題，包括會阻礙溝通交流的敏銳度、會損害兒童的社會道德和情感發展，並會限制他們的思維和想法。

當兒童持續身處於一大群孩子當中，就會衍生「旁觀者效應」（by-

stander effect）（Kitzinger, 1997: 16）。這意味著兒童做出的反應不太可能會經過深思熟慮，並且在人群中會保持被動，會遵照其他兒童的處事方式。相反地，當兒童處於一個規模較小、較親密，以及較高素質的幼兒機構中，就更容易運用精熟的語言溝通能力，建立敏銳、謹慎和諧的處事方式。

Britton（1987）希望幼教機構或學校可以營造更多機會給兒童，如同生活在家庭的環境一樣，並且應盡量避免讓兒童接受刻板的教學、矯揉造作和非自然的交流。

有時候，當情況發生時，幼教專業人員沒有跟孩子進行真誠的溝通，而只是跟孩子說什麼是對的，例如，「我們不這樣做，是嗎？」這樣幼教專業人員與兒童之間就會逐漸形成不可避免的距離。這種情況最容易發生在大團體中。「很明顯我們只有兩個選擇：我們可以選擇盡可能豐富學習型社區的互動機會，或者我們可以選擇將學校或幼教機構的成員視為受控制的聽眾，可隨意下達指示命令。」（Britton, 1987: 26）。

發展溝通、語言和認字

在前面幾章中，我們已經了解在卡素拜爾社群的克里斯托夫、妮可和其他兒童是如何在一個互動溝通過程中成長。與他人互動（Bruce, 1987）是溝通和語言發展的基礎，亦是日後發展認字能力的重要方式。這種互動取向具有理論和實踐相配合的意義，而且亦有助於找出與兒童及其家庭的有效溝通方式。

分享經驗

當父母、幼教專業人員和幼教機構的兒童之間能營造出良好的溝通互動氣氛，兒童的學習發展就會變得更優越。幼教專業人員和家長陪同幾位兒童之家的孩子到本地醫院進行拜訪，這次拜訪並非無目的地進行，就如每次創立學習環境的觀念一樣，拜訪應該要有目的。這次拜訪的目的是探訪在醫院住院的莎拉，她也是就讀兒童之家幼兒園的孩子，重要的是在拜

71

訪結束後，另一位孩子艾米決定要寫信給莎拉；對孩子來說，這是一件很有意思的事，同時，這次拜訪也加深了孩子對醫院的了解。

　　幼兒園另一位孩子艾瑪，每週都要在幼兒園裡做物理治療，也要到醫院調整裝上的石膏。這次拜訪讓兒童更了解醫院治療的意思；也有孩子回憶起那些與別人打架，或者患有心臟病、中風和跌倒的親戚急需治療的情況。這次拜訪讓孩子們理解醫院的運作情形，也幫助成人和兒童共同學習相關的新詞彙。

「我要為住院的莎拉寫一張卡片」

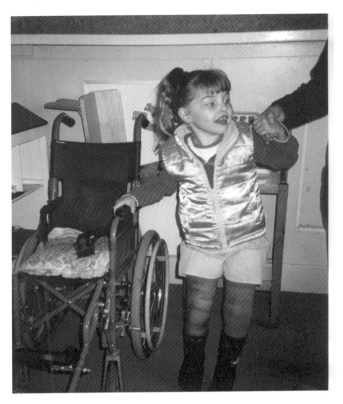

雙腿都裝有石膏的艾瑪

透過看照片作交流溝通

　　蓋瑞在拜訪結束後，看到他與母親的合照時，跟幼兒園保母
一起看著照片說：「我媽媽拿著聽診器。」當他看著另一張照片
時，他說：「我在聽媽媽的胸部。」在拜訪過程中，工作人員與
親子們共同討論（而不是講授）大家的體驗；他們曾看到在儲藏
室裡的一排拐杖，茉蒂看到工作人員放在醫院遊戲區的相簿時，
她說：「枴杖──腿疼痛時用的，我大表姊潔德從布蘭頓的自行

車上掉下來，她需要拐杖。」艾倫說：「那裡全都是拐杖——我阿姨維爾莉特有一支手杖，所以她不會跌倒；她的手杖不放在屋裡，放在外面。」

創作遊戲劇本進行溝通

　　艾倫在醫院遊戲區裡扮演病人，教師扮演護士，同一時間，克萊兒正在用聽診器聽自己的心跳。然後，克萊兒扮演病人並戴上石膏模；第二天，她在醫院遊戲區躺下扮演病人時說：「我的心臟很痛——艾倫幫我戴上口罩。」

　　戶外也有醫院遊戲區，兒童可以在戶外建造自己的醫院，如此，兒童可以在不同的環境下享受類似的遊戲。

　　蓋瑞（四歲）試著用影印機玩製造 X 光片的遊戲，他說：「我把媽媽的手放在那裡，底部就會有圖片出來——在那裡。讓它運轉——先要按一下按鈕，像這樣很小的光，那道綠色的光會使東西不一樣——看，又有另一道光。再照一下你的手！你的手我的手。」（Baker, 2001）。

　　蓋瑞對骨骼一直充滿興趣（從 X 光片看到），他常常會去摸一摸教室裡那幅骨骼海報，他從幼兒園借了錄影帶回家觀看。他的朋友布拉德利說：「蓋瑞一定會喜歡骨架，我有骨骼、皮膚和血管；血管攜帶血液到全身——如果血液停止運行，你就會死。槍可以殺人，傷害你，你就不會再活著——我隊中有兩人已經死亡。」（Baker, 2001）。

74　　家長支持遊戲劇本

　　探訪活動中，有個家長很支持兒童進行醫院角色扮演，他說：「醫院

角色扮演可以幫助媽媽將要在醫院臨盆的孩子，讓孩子認識到醫院不全然是死亡，幫助孩子認識救護車出車和閃燈的意義。幼兒園內的海報、書籍和插圖，讓我更容易為孩子解釋，因為我有書在手時，蓋瑞便可看著書內那些小插圖玩遊戲。」（Baker, 2001）。

艾米寫信給住院的莎拉，同時，艾米也很享受在自己的醫院小世界內擔當主導的感覺。透過這種方式，她能夠面對和處理自己的恐懼。遊戲幫助兒童與自我溝通，這一點與情感的相關發展很重要。

非言語的溝通交流

與他人溝通的過程中，非言語溝通占了 85%，但不同文化背景會有所不同。例如，世界不同地區有不同的問候方式，他們的交流方式會用說話，同時亦會使用不同的特定動作，如接吻、握手、鞠躬或點頭。

與他人說話時也離不開非言語溝通，如果只用言語說話而沒有任何動作，是非常困難的。說話時不可能沒有面部表情、眼神接觸、肢體動作和符號（Acredelo and Goodwyn, 1997）、聲調、節奏和分節、輪流發言、停頓，及注意說話的對象（如低頭聆聽）或分享共同重點。當別人說話時，我們會用自己的母語的音調或其他熟悉的語言去傾聽。

綠色小屋幼兒園的教師採用幼教專業人員沿用的方法。蘇正在幫助三歲的女孩掛起畫作方便吹乾。然而，蘇採用的方式是很特別且有意思的，她用非言語方式鼓勵蘇珊表達「儘管去做」。她彎下身體靠近蘇珊，讓大家更容易有眼神接觸；她亦會與蘇珊對話，指示蘇珊如何掛起這幅畫，並且說她特別喜歡蘇珊用不同顏色所畫出的拱形線條。然後，她停頓、等待，讓蘇珊有時間回答；蘇珊告訴她那是一道彩虹。

蘇與蘇珊經由討論，教她如何掛起自己的畫作，蘇向她表示那幅畫是珍貴的。他們就是這樣交換信息，如同經過良好的交談。

不用言語進行溝通是有可能的，但只有言語溝通而沒有任何非言語溝通幾乎不可能，現在語言專家認為，非言語溝通在所有交流中至少占 85%。

75

大多數非言語溝通是經由我們的身體進行，身體可以表達我們是如何思考、如何感覺，以及與他人的關係。其實，我們在溝通時大多數時間給對方都是這類非言語的信號，只是我們沒有意識到而已。

超脫自我的溝通方式——森羅萬象

我們還可以透過藝術進行非言語溝通，透過一起舞蹈或創作音樂、平面繪畫和立體模型和雕塑。我們常常會認為非言語溝通只有肢體語言，其實也包括沒有文字的藝術，編織、繪畫、素描、雕塑、舞蹈、音樂等，這些都是我們與人進行非言語溝通的方式。在兒童之家的入口處有一個由曬衣架製作而成的編織架，任何有想像力的成員——家長、工作人員和兒童，都可以在上面穿上毛線、彩帶、纖維、稻草和樹枝。就是這樣，大家就各自用這種方式表現自我，透過此類非言語的溝通交流以表達個性，所以，從中往往能夠看出作品的主人是誰。過往多年來我在幼教服務工作經驗裡，從沒見過這種作法；因此，我將非言語溝通分成兩類：

- 透過身體、面部表情和聲音。
- 透過沒有文字的藝術，如舞蹈、音樂和視覺藝術。

接下來，我們將會討論智人（homo sapiens）（人類）演變的早期歷史的重要基礎知識。

口語或手語溝通

其實用口語或手語溝通，都可以觸及深層思考及交流的感覺，溝通的發展包括與自己和別人溝通交流想法過程中所有不同類型和方式的互動。我們遇到的人和擁有的經驗，在大腦與遺傳構造裡，都各自扮演某部分的角色。

一組強調「持續互動」重要性的連結研究人員（Elman et al., 1996）堅決認為，「發展過程是宇宙中最驚人的謎團之一」（p. 319），因為「自然

界早已經解決了用最微小的物質建立複雜身體結構的問題」（p. 320）。

大腦與協調

有些動物出生時幾乎已經發育完成，人類的嬰兒出生時卻是尚未完全發育，狀況甚至可以與鳥類或蝸牛的幼年相比。在拓展學習過程中，人類的童年是一個關鍵時期，因為這時期大腦各層面與人事物間，是先天的具有互動發展需要。

Elman 等人認為「基因指揮著管弦樂的互動」（p. 321）。大腦不同部位是互相影響的，如姿勢和動作、聲音識別和發出聲音、視力等。在本章中，將會著重論述溝通所包含的互動，其他與發展相關的所有層面觀點，皆認為溝通是許多網絡互相交織發展的一部分，並會在學習過程中不斷改變。「如果發展的道路總是筆直，並由始至終向上攀升的話，就不會那麼有趣。」（Elman et al., 1996: 42）。

認知心理學家與大腦的互動

不只是連結研究小組的成員強調大腦內不同部位存在互動和協調關係，認知心理學家 Gopnik 等人（1999: 127）亦都認為，意識、行動和溝通系統是互相影響的。

史前歷史學家與大腦的互動

從一個非常不同的角度來看，雷丁大學（University of Reading）史前歷史學教授 Steven Mithen 認為，尼安德塔人（Neanderthal）與智人之間的主要區別，在於使用符號的溝通方式，從「特定領域」轉變至「認知流」（cognitive fluid）的思想。

特定領域的思想，在思維內是由多元智能構成的，每個領域

77

與其他部分的接觸都有限制性——例如，目的是為了社交互動而進行「溝通」、為了操控事物，甚或是為了與自然世界互動而進行溝通等等。

尼安德塔人（穴居人）不能將動物行為與製作工具兩方面的知識連結，用來設計專門的狩獵武器。他們也不能設計珠子和吊飾來表達社交互動，因為兩者都需要將技術和社交智慧連結。

智人不僅可以連結不同類型的知識，他們也擁有象徵思維的能力，這種能力構成了科學、藝術和宗教……人類在自己周圍創造文化環境，這不只是血統關係，而是人類認知流思維對這種精練連結起了至關重要作用。（Mithen, 2003: 40）

Mithen 的主張與連結研究組不謀而合：「不了解人類發展的進化基礎，就不能完全理解個人發展。」（Elman et al., 1996: 20）。

在溝通過程中，大腦內不同部位會相互合作協調（姿勢和動作、視覺、聽覺和聲音、觸覺、感覺和情緒）；這些感覺是在彼此協調中發生，而且這一切都會同時發生。因此，人們認為兒童發展溝通系統的方式是很複雜的，會變得更難理解，但是在溝通過程中，兒童會不斷發現：

- 物體和自己身體如何移動。
- 他們在哪裡開始和結束，他們是誰（自我概念）。
- 口語和手語代表什麼意思。
- 物體和物質世界的知識、文化的理解、符號的使用和社交的關係是如何聯繫的。

分解的語言代碼

Karmiloff-Smith（1992）和 Goswami（1998: 278）均指出，Piaget 在1930 年代和 1950 年代間所做的大部分開創性研究，都正確地強調兒童具

備強勁的學習機能。「這機制推動兒童對世界有清楚的概念，也使他們注意到聽進去的字詞，以及學習如何使用這些字詞。」（Gopnik et al., 1999: 127）

學習說話就像破解密碼。兒童在這個過程中擔任研究員角色，研究學習自己語言的意義和作用，以及它的作用。如果我們能夠一起談論，以及進行有趣的事，分解語言密碼就會變得更容易。

學習語言與協調能力有關

除非與嬰兒和幼兒交談，並鼓勵他們與人溝通，否則他們會無法學會使用讓人理解的口語或手語。Gopnik 等人（1999: 101）認為：「學習一種語言與協調能力有關，也就是指協調你所做過的事與別人做過的事。」

嬰兒是「世界公民」（Gopnik et al., 1999: 106），因為他們與生俱來就能夠區分不同語言的不同聲音。但是，一般情況下，他們通常只能接觸到一種或兩種語言。嬰兒的大腦開始發生極大的轉變時，他們辨認聲音能力就已經開始逐漸有所不同，以致不能再區分語言聲音的微細差異。母語為日語和英語的人聽到「l」和「r」發音的感覺是截然不同。此後嬰兒便由被Gopnik等人（1999: 106）認為的世界語言專家，逐漸轉變成「被文化束縛的語言專家」。

雙語和多語兒童的溝通發展

只能說一種語言的人往往會認為能說一種以上語言是不正常的。White-head（2002）認為，事實上世界大部分的兒童不只學習一種語言；基本上是會學習一種在家裡說的語言，即是語言學家所提及的母語，學習其他語言則是用作補充用途。

官方文件經常以英語作為額外的補充語言，然而，某些兒童一開始就是雙語均衡者，甚至能夠說多種語言。這意味著他們能以不同方式思考同一個觀點。舉例來說，用以描述雪的不同形狀的用語，因紐特語（Inuit）

會比英語豐富得多；這樣他們大腦能接受多元化的聲音，致使他們可以更容易欣賞不同形式的音樂、節奏和詩歌。

對雙語兒童來說，我們對待他們的方法是很重要的，使用的方法有可能會幫助他們發展，但也可能會妨礙他們的發展。Clarke（1992）指出，學習一門新的語言，意味著兒童需要熟悉新的發音和新的語調模式、新詞、新的字詞組合方式等，也需要知道這些新的非言語溝通的各種微細差異和意義，同時也要認識有些字在另一種語言可能會被視為粗言穢語。因此，雙語兒童亦需要學習不同文化，他們在學習這種新語言的過程，可了解該種語言文化背景下的人是如何運用這種新語言來表達自己的感受。

成人與兒童的溝通方式

談話方式對於促進語言發展具有重大影響。Gopnik 等人（1999）認為，成人幾乎都是在幫助兒童發展口語或手語。

不論是進行社交、思考、分享、交換意見，或談論他們的感覺、與他人的關係等事情，幼兒使用語言的方法，最初都會受到讚許的氣氛環境所影響。Susan 認為，綠色小屋幼兒園能夠營造溫暖和友愛地交談環境和氣氛，讓自己與Sue，又或是成人與兒童可以輕鬆地聊天。當兒童得到尊重、重視和被聆聽，由此他們就能逐漸建立信任（另見 p. 74）。

邊緣系統和語言發展

研究指出，兒童經常被輕視、嘲笑、忽視或命令等，可能會導致其發展中的邊緣系統發生改變。哈佛大學的 Martin Teicher（2002: 54）提出：「邊緣系統在調節情緒和記憶方面發揮關鍵作用。」

杏仁核可以幫助我們記起以前曾發生類似情況的感覺，如憤怒、恐懼或歡樂，並導致侵略性（或其他）的反應。Teicher認為，幼年時期經歷過多的壓力，可能會對邊緣系統造成長期損害，「過度暴露在壓力荷爾蒙之

下」（2002：56），這顯示幼年感受壓力「是一種有毒的媒介，會干擾大腦的正常、流暢和精心策劃的發展過程」（2002：61）。

當幼兒被忽略且沒有人聆聽其說話時，或是被人嘲笑、被大聲喝喊，以及因說的話而被懲罰，甚至被懲罰要求重複說出不太明白的話，如「我很抱歉」或「謝謝你」；諸如此類的情況發生，會逐漸演變成 Teicher 所說的（2002：61），邊緣系統便會建立防禦機制，讓兒童保持高度警戒狀態，準備隨時做出迅速且具攻擊性反應，「強烈的壓力反應有助於修補損傷，這種感覺讓我們能夠重組大腦，幫助調整觀察到的狀況，以適應不利的環境」。

80

創造有利語言學習的環境

我們使用的聲調、說話時的身體語言、對待兒童的方式，以及讓兒童感受熱情和關愛，都能幫助兒童學習如何管理和表達自己的情感，幫助兒童將思維引向更深的層次，並且幫助他們解釋和延伸想法。問題兒童的形成原因，一般是不斷受到批評或感到挫敗、沮喪，以及沒有得到支持性的互動對話，導致無法拓展個人的思想或發展解決問題能力，幫助他們發展自己思想或解決問題。一般來說，他們經常會感到憤怒和不滿，且很快就變成具有攻擊性，會採取負面行動。原因是經驗告訴他們，促使他們建立「強烈的壓力反應」來保護自己，以對抗罪惡感、羞辱和憤怒。

記憶有助於拓展語言學習

我們已經知道短期記憶能夠幫助兒童做即時決定，而長期記憶能夠加深理解能力；因此，記憶和說話表達能力可以說是發展學習進程中較複雜的部分。

語意記憶

語意記憶是我們開始記憶和表達以下各種知識的方式：

- 事實
- 事件
- 地方
- 關鍵詞
- 物體
- 概念
- 人

Bendall（2003: 1）表示，語意記憶「如同一個備案系統，讓我們能夠儲存檔案和有效地檢索訊息」。

情節記憶

透過情節記憶，我們能夠回溯過去的生活點滴，我們可以回憶和重現過去的人生。Bendall（2003: 2）解釋：「情節記憶經常被稱為快照系統，因為事件只發生一次，記憶就能將發生一次的事記錄下來。」

在睡眠過程中，記憶在海馬迴中反覆演練，它會逐漸轉移到最近形成的新皮質外層。

睡眠的重要性

我們經常聽到人說：人太疲累時，會很難有條理地思考和想到要用的字，其實，幼兒也是如此。

本書由始至終都強調拓展學習的過程，應該要有健康的環境，包括均衡的營養和充足的睡眠，還要有戶外學習機會，使吸收的新鮮空氣能傳送足夠的氧氣給大腦。

如何與兒童建立良好的溝通

我們與兒童談話時所使用的語氣、可信賴度和真實感，和對他們談及

的事感興趣的程度，以及專注於兒童嘗試用詞表達自己想法、感覺和關係，此等與溝通有關的感覺都非常重要，可幫助幼兒獲得成人的溝通能力；如能夠：

- 隨時準備討論問題。
- 透過一起嘗試、討論和交流解決方案找到進步方式。
- 建立和深化意見和想法，將其轉化為文字或符號。
- 發展、溝通和加深與家人和朋友的關係。
- 有信心在新環境與陌生人應對和談話。
- 在正式場合能夠給予建設性的問題討論和想法。
- 敏銳地觀察，並與他人的非言語溝通做出協調。
- 有信心嘗試新用詞，並會利用自己的創造力發明新的用詞以表達想法、情感和人際關係。
- 為拓展語言學習而建立有效的陳述性（語意和情景）記憶。

進行深層思想、情感和人際關係的語言發展

82

當實際的溝通發展成為高層次思維，並幫助我們去管理情感的時候，非言語與口語或手語兩方面能力就需要更紮實。成人與兒童在一起時，要懂得營造溫暖和充滿愛的環境，傳遞「你在意」和「你說的話是有趣和重要」的訊息。兒童需要成人用心傾聽，讓兒童嘗試將想法、情感和關係歸納為文字或符號，成人應該與兒童交談，而不是講話給他們聽，成人說話方式和語調要啟發兒童大腦學習，而不是要關閉兒童大腦學習，再者，還要使兒童大腦即使處於不利環境（化學反應）都能保持高度警覺；同時，兒童也需要與年紀較大或較小的兒童進行溝通。

程序性記憶——知道該怎麼做

在聖方濟各小學的幼兒園裡，勞倫斯和索默一起坐在縫紉桌

前。開始時，他們什麼都沒有說，只是各自尋找自己想要的材料，之後，女孩掉了一塊材料在地板上。她發覺縫鈕扣很難，男孩知道了，就教她怎樣縫鈕扣。他轉身面向女孩，以非言語方式表示他願意與她分享自己的知識。在縫紉桌上為兒童提供的材料，有刺繡框、線、剪刀、針、鈕扣、珠子、彩帶和亮片的拼貼托盤等。

世界上許多文化傳承，主要是靠示範傳授知識，而不是用口頭和書本描述，尤其學習工藝技術。這類學習包括反覆地操作，如：縫鈕扣、編織或騎自行車，只要學會了就很難遺忘，這類學習涉及程序性記憶。

持續交流想法

人與人之間的關係是密切且充滿溫暖和關愛，即使是微細聲音或手勢，都是啟動非言語溝通的重要方式，最終都有助於拓展學習。

83

集中注意——在縫紉桌上持續地交流想法

　　一位在拔士東費小學的幼兒部上課的小女孩，展示她如何使用喜歡的彩色麵團。她集中精神時會伸出舌頭，她需要在老師附近，否則嘗試新事物時會喪失信心。老師彎下身子與她同等高度，這樣，他們會較容易有眼神接觸。小女孩會經常尋求眼神接觸，所以，老師經常會給她一個放心的微笑。小女孩與老師之間建立起溫暖關係，此時英語只是一種額外補充的語言，非言語溝通顯得更為重要。老師雖然身處小女孩附近，但不會催促她，小女孩首先將麵團一個個放好，然後開始敘述各式麵團聚在一起的目的。

84

　　成人根據兒童發展，與兒童進行敏銳的非言語溝通，常察覺到兒童的口語或手語發展會突然提升，原因是當兒童對成人產生信任時，他們會感到自己被珍視和尊重，會享受與成人聊天的過程。

　　在幼兒教育成效延續計畫EPPE（2002）中，這種思考和對話被認定為有利於拓展幼兒學習的方式。「我們發現最有效的幼教機構能促進『持續交流想法』（sustained shared thinking），但是，我們也發現這種情況不會

頻繁出現。」（Siraj-Blatchford et al., 2002: 10）。

發展口語或語言

　　尼加拉瓜於 1979 年革命後，有一群聾啞兒童聚居於尼加拉瓜一間特殊寄宿學校。當他們到達時，只能用一些奇異的和個人的符號表達，他們成長的周遭環境都是正常的家庭和社區，所以那些聾啞兒童便會被孤立。但是當他們聚在一起時，就會出現常態且自然的發展。他們開始建立一種皮欽語（pidgin），是一種簡單語言，是他們結合所有自己創造的符號而創立的語言，讓自己在生命中可以交流思想和情感，較全面地與人互相溝通。

皮欽語和克里奧爾語

　　較年長的青少年會繼續使用這種簡單的語言，但是年幼的兒童則會持續不斷地創造，直至皮欽語發展成為語言學家命名為克里奧爾語（creole）。這是一種完全成熟和先進的手語，在世界上是獨一無二的，擁有自己的語法和豐富的詞彙。研究這過程的 Kegl（1997）提出有說服力的證據，指出人類有始創含有語法的語言系統本能。這些兒童能從無中生有以至發展出這種語言，原因就是這樣。

　　然而，在她的調查結果中亦發現，這語言發展亦受社會文化的影響，因為簡單的皮欽語和複雜的克里奧爾語都採用了尼加拉瓜文化經常使用的符號。兒童們把常用符號發展成更複雜的形式，轉變成語言的詞彙。此外，Kegl 探訪農村地區的聾啞兒童，觀察他們在家生活的情況，發現他們不會與其他聾啞兒童接觸，因此，他們只會使用原始且沒有語法元素的符號。她向學校引介原居於農村的聾啞兒童，並教他們克里奧爾語式的手語，同時發現幼兒的學習效率最高，並能流暢地使用。

　　對個人而言，這意味著語言發展不單只是遺傳促成，語言發展需要與他人接觸。我們需要參與所屬文化，使用具有文化底蘊的語言，所以，語

85

言發展過程不單單是成人教兒童說話那麼簡單的事。我們必須謹記，在尼加拉瓜的幼兒擁有語言能力，以及他們有能力教青少年和教師克里奧爾語，那是一種更為複雜的語言。

口語或手語發展時期

語言發展有特定的時間。我們已經知道人生的前十年是語言潛能發展的主要時期，而最佳時間是在前五年，之後就會慢慢減退。最奇妙是有「強大驅動力就能使人迅速和高效率地與他人交流自己的想法」（Elman et al., 1996: 390）。要補充一點是，通常人不會有衝動主動談及自己的情感，必須誘導驅使方會發生。不過，現階段更重要的是，要讓兒童盡量傾訴自己的情感，這對兒童建立積極、富建設性的人際關係，以及培養良好的自尊、身心和情感素質來說，是最佳方法。

日常溝通時使用的口語或手語

兒童發展各層面亦分為普遍性和特殊性兩種；其中有部分層面是全面互相滲透，並會影響我們日常所做的一切，溝通就屬這種層面——本身受其他層面影響，同時亦影響個人普遍性發展。另外，屬於特殊性層面會有其特定目的和運作方式，語言發展即屬於特殊性層面。

人類需要較長時間來拓展特殊層面的發展（如以特定語言對話或使用特定手語）。另一方面，每個人都需要有此能力幫助發展，因有其必要性，例如透過感官或與人互動而建立的雙眼視覺，發展需要的時間就會短。

人類的普遍性和特殊性層面的發展，還會根據自身文化背景而有所差異；溝通和語言的發展可以不斷變化，且會持續調整其拓展方式，而雙眼視覺卻不能依此規律發展。

86

語言的聲音

　　嬰兒在生命的第一年就要花費很大的能量去組織聲音，特別是屬於人類發出的聲音；在前三個月內，嬰兒學習會話的運作方法，就是一方發聲而另一方回應，或是倒過來。

　　當嬰兒弄清楚會話的運作方法後，就會嘗試牙牙學語地練習一連串的子音，例如，嘸、嘸、嘸、噗、噗、噗（濁音和清音）、嘟、呼、咕等，利用嘴的不同部位發出聲音。他們可發出不同的音調、聲調和節奏，你會發現他們興奮地聽自己發出的聲音；他們也會嘗試發母音。Dunn（1988）發現，當成人或其他孩子與嬰兒重複發出這些聲音時，嬰兒會表現出愉快的反應。這過程很自然地逐漸轉變為 Trevarthen（1998）所稱的原始對話狀況。

　　六至八個月大的嬰兒似乎能夠區分世界語言中不同的聲音。卡內基梅隆大學（Carnegie Mellon University）的 Holt（in Gibbs, 2002: 14）計算得出，他們至少可以區分五百五十八個子音、二百六十個母音和五十一個雙元音。在這段時期過後，大腦就會專注於兒童所使用的語言；英語使用者只會用到五十二個音素（語音類別）。Gibbs（2002: 14）指出，除了極少數完全雙語均衡的學習情況之外，我們聽到的第一語言會影響並限制我們聽懂其他語言的方式。

從世界語言學家轉變成單一語言專家

　　隨著年齡增長，生活經驗的累積愈多，語言聽力就愈來愈弱，只能聽出日常使用的語言聲音。我們的聽力（聽覺系統）逐漸變成只會對日常用語的細節產生敏銳度，並做出協調。嬰兒是從被 Gopnik 等人（1999）認定為「世界公民」，從通曉任何一種語言轉變成只能專注於少數某幾種語言的使用者，再進一步轉變成為單一語言使用者。他們開始牙牙學語時，就

開始縮窄範圍，只聽一種或幾種人們對他們說話的語音。

Iverson（in Gibbs, 2002: 14）在聲學協會會議（Conference of the Acoustical Society）（2002）中指出：「嘗試學習第二語言時，個人可能會因口音不恰當，而影響學習新語言的能力。」我們已經知道，正如Gopnik等人（1999）所提出的，我們是自然而然地運用已有知識來學習，再加上別人的幫助，會學到更多新知識。在大多數情況下，這是一種優勢。

戲劇有助拓展語言發展

接下來，我們將會認識到戲劇是如何幫助兒童學習，透過戲劇或一般可能發生的事情，靈活開放地使用符號，在具體行為中逐步發展。有關拓展語言發展的意見，正如Blakemore（2001）所提及的，在單一語言或幾種類似的語言環境中成長，對兒童幫助不大。反而，讓兒童在自己的小小世界裡，用遊戲劇本與自己對話，或與其他兒童和成人一起參與演出話劇，這樣語言就能真正地在腦海中深深扎根。

靈活地學習新的、截然不同的語言

兒童從幼年開始就學習差別懸殊的幾種語言，例如英語、烏爾都語（Urdu）、日語或約魯巴語（Yoruba），盡量讓兒童維持著學習新語言的靈活度。研究指出，是兒童能持續對英語的五十二個音以外的音素保持敏感度。這可能是由於英語的聲音範圍狹窄，讓慣用英語的人學習其他語言感到特別困難。另一方面，英語過去只是大英帝國的主要語言，現在英語在各種世界語言中已占有支配地位，反映美國對全球的影響。

原始對話

生活的一大樂趣是與嬰兒進行原始對話。Trevarthen（1998）讓我們珍視這種非言語溝通，與嬰兒進行對話包含許多非言語溝通層面，是形成他

們長大後使用文字或符號溝通的基礎。非言語溝通自出生後就開始，並持續在整個生命中出現。不同的家庭、文化，其微細的信號都會有所差別。

即使三個月大的嬰兒也懂得發出一種「咕」的聲音，作為對話的開始，或回應成人對話中類似的聲音（Murray and Andrews, 2000）。在卡素拜爾社區服務中心，一位母親正以 Trevarthen 稱為「兒語」的語言，與她孩子對話。男人和女人與嬰兒對話時，都會自然地使用兒語，發出聲音的音調會較平常高。在第十頁的照片中，母親停頓下來，讓嬰兒回答；她望著他說話時會睜大眼睛，她與嬰兒的節奏一致，兩人好像在一起跳舞，互相配合對方的節奏。

嬰兒長大成為學步兒以至兒童時期的成長過程中，可從他人和自己身上學會很多溝通技巧，他們的身體語言和手勢亦會逐步變得更為複雜。身體可以表現繃緊、焦慮或擺出戒備的姿態，或充滿歡樂地擺動，或憤怒地滾動，或因無聊而停不下來，或全神貫注集中注意力等。成人與兒童溝通時，讓兒童察覺這些動作的意思，將有助兒童了解自己與他人的非語言溝通。

「噢，你猛踢自己的腳，我知道很痛，你的臉告訴我你的感覺。」

成人與兒童談話時，應適時有所停頓、傾聽兒童的話，讓彼此輪流發言，就如同成人希望兒童聽他們說話一樣。交談是雙向的，許多成人與兒童之間的對話研究（Wells, 1987）發現，成人在對話過程中經常發表演說，或堅持表達自己的想法，或問一些兒童早已經知道答案的問題。在真正的對話中，沒有人會知道交談過程中到底何時會轉話題，話題轉變會使交談更生動有趣。對話需要兩個人的平等互動，如果都是由一個人占主導地位，大部分時間都是由他在說話，就不是真正的交談。

Bruner 語言學習的鷹架

Bruner（1977）在 Vygotsky 研究（1978）的試驗中，曾引介這種鷹架的論點。根據研究結果指出，成人與兒童說話時，成人往往占主導地位。

Bruner（1977）認為，成人應先考慮兒童的意向。成人搭建鷹架時，要留意兒童沒有說出口的意願，觀察兒童處理事情的方式。然而，成人也需要知道協助兒童的方法，幫他扮演遊戲劇本中的角色和發揮故事情節。

在拔士東費幼兒園的班級內，有位女孩操弄著小娃娃做出走路的動作，有意要創作一個發生在海邊的故事和角色，她用小娃娃創造小小世界的遊戲劇本。

成人提高聲調扮娃娃說話，說娃娃希望建一個沙堆城堡。成人幫助沉默的兒童把意向說出來，讓娃娃變得更為生動，亦使戲劇有更多延伸的可能性。她的教師就是用這種方式進行演練，展示同時發展故事和角色的策略。但是，這並不是兒童自己創作的故事，而是成人試圖導演兒童進入一個有角色和情節的故事裡。

89

搭建鷹架是成人輔導兒童進入由成人領導和認定的學習板塊，在拓展學習中占有重要地位。

這是用另一種不同的方式學習，與自由活動的方式非常不同。自由活動時，兒童和成人都不會預知將會出現什麼狀況；成人只是跟著兒童走，在過程中幫助他們，正如Holland（2003：54）在這個遊戲劇本的經歷過程。

孩子們衷心歡迎我加入遊戲，我建議應該狩獵那些藏身在沙發下的「扁平怪物」，他們歡喜地接受了；如果他們是一心一意地在自由活動中玩戲劇遊戲，我就不期望孩子們會接受我的建議。我給孩子的暗示也很有意思，能讓他們感到很驚喜，引來四位男孩隨即靜靜地爬動和滑行越過房間，盯著沙發底下看……孩子們接受這個場景：有人被可惡的怪物咬傷，急需要治療；也有其他人發現怪物逃跑，並試圖竊取蝙蝠俠的車。

由於自由活動是自發地啟動，過程中需要助力使活動流暢進行。成人要抓緊時機，引領兒童們進入屬於他自己的遊戲進程，去玩捉拿扁平怪物；

然後有技巧地掌握機會，幫助男孩投入遊戲角色中，使故事再進一步延續。

正如 Siraj-Blatchford 等人（2002: 10）的觀察結果：「持續交流想法並不常見。」所以，這也是我在各種幼教機構中觀察到的結果，只有少數熟練的幼教專業人員能夠真正參與自由活動遊戲，同時做到不破壞或干擾兒童想法，幫助兒童拓展思維。

Vygotsky——由他人傳授用意

Vygotsky（1978）指出，兒童是經由他人告知做事的想法而開啟思維。兒童嘗試用手不能抓起杯子的時候，成人通常會幫他拿起杯子，並問：「你想喝點什麼？」

90

幼兒出於自然的抓握物體舉動，就因此被賦予意思，以後他們便會指向想取的物體。從此，兒童學會運用有文化意義的物品，例如，用杯子作為一種與人溝通的方式。

Piaget、Vygotsky 和 Bruner

Piaget、Vygotsky 和 Bruner 認為，意願的發展很有價值，與語言學習發展的關係密不可分。然而，他們對發展意願的方式卻抱持不同的見解。

Piaget 認為，兒童使用杯子是發展感官動作期的最終表現。透過指向杯子，兒童能獲得成人的協助，幫他去拿自己拿不到的飲料，這樣兒童就能得到他想要的飲料，同時也獲得成人的注意。

雖然 Bruner 認為，兒童成熟度尚不足以能夠意識到自己的意圖，但 Bruner 贊同成人引導兒童的方式，假設兒童「好像」打算拿起杯子。Bruner 認同 Piaget 提出兒童的目標只是剛剛浮現出來雖然與杯子和將會有人幫忙有關，Vygotsky 的觀點則有所不同，他認為兒童這次抓握不到杯子的動作，引來成人的反應，接著，有人給予兒童這舉動一種主導意思，導致兒童產生（拿杯子）這個意願。

因為 Vygotsky、Bruner 和 Piaget 都認同這情況的描述內容，所以解釋

正確與否並不重要。當兒童指向物體時，成人假設兒童對所指向的物體感興趣，於是向兒童談及那樣物體，還會幫兒童拿起想要的物體。正如 Vila（in Tryphon and Voneche, 1996: 192-4）所說的「意見一致」。就此例子而言，與其說是觀點的吻合，不如說是有些理論會有一致性的地方。

　　隨著時間增長，學步兒、幼兒和成人會漸漸喜歡共同關注和談論一起經歷過的事情。

 實際應用

- 你所屬的幼教機構是否有充裕的溝通呢？檢視一下機構內的陳列。對於機構所宣揚的價值觀和原則，人們從中會知道些什麼呢？
- 布告欄內提供的重要訊息是否具備多元性及融合性特點？有沒有訊息交流的版面呢？如何讓兒童和家庭對機構產生歸屬感呢？如何顯示出尊重他們為獨立個體呢？
- 機構的工作人員與父母和照顧者進行溝通和對話的容易程度為何？
- 你進行觀察的適當程度為何？從兒童非語言溝通的細微神態，可得知有關兒童的感覺、想法和身體福祉的訊息，如過度專注用顏料的時候，又或是為了玩單車的輪流時間而流淚，你是否會記錄此類細微神態呢？
- 你會重視非語言溝通嗎？機構內有地方設置平面和立體藝術作品、舞蹈或音樂工作坊嗎？花園內有尋找甲蟲的地方嗎，或有可踩踏的水窪嗎？有地方閱讀故事書嗎？兒童選擇哪種形式來溝通自己的感受、想法及與人的關係呢？

延伸閱讀

Bruce, T. and Meggitt, C. (2002) *Childcare and Education,* 3rd edn, Chapter 5. London: Hodder and Stoughton.

Manolson, A. (1992) *It Takes Two to Talk: A Parent's Guide to Helping Children to Communicate.* Toronto, Ontario: Hanen Centre.

Peters, C. (2002) 'Communication', *Early Childhood Practice: The Journal for Multi-Professional Partnerships* 4(1): 41-50.

與兒童對話

主旨

　　我們只可以透過與他人相處，才能學會用說話和示意來表達自己的想法。

　　使用語言和賦予語言定義是同時進行的。如果我們不明白所使用語言的意思，學習便會受限制，導致很容易遺忘沒有意思的字。

　　其實，在沒有壓力的環境下，成人和兒童都能提高學習說話的效率，我們通常在正面思考時，詞語會更容易浮現出來。我們需要與感興趣的人相處，才能用文字交流情感、思想和建立關係。每個人都想要深層的對話，一般人會對自己做事的方式感到特別敏感，對話時我們也會仔細考慮以生活各層面作話題，例如事情為什麼會發生、在何時何地發生等。對話中我們會沉思和發問，製造更多生活經驗和話題，共同拓展學習。

　　Oscar Wilde（in Pinker, 1995: 19）認為：「需時常謹記的一點是，值得去認識和了解的事是不能教授的。」本書的主題與謹慎地拓展學習有關，

對成人來說，這需要更強的技巧和敏銳度。間接教學方法基本都能達到最佳的學習效果，學習是很微妙的過程，只用觀察法未必能察覺到學習的進行情況。然而，間接教學方法卻是一種複雜且需要技巧的教導方法，那些不了解學習複雜性的人便不會賞識。

Pinker（1995: 56）認為，語言發展是一個「分離的結合系統」（discrete combinatorial system），意思是語言系統在我們大腦內能對有限媒介的運作轉化成無限用途。語法和說話聲音組成是有限媒介，這兩項有限媒介卻能組成世界各地的不同語言，即組成無限組合（用途）。

93　　　與說話流暢的人分享經驗確實是豐富語言發展的有效方法。Steels（2002: 2）在巴黎索尼電腦科學實驗室（SONY Computer Science Laboratory）與機器人一起工作，他對語言的理解是：「特別在語言發展的最早期，語言發展源於經驗分享，並且一定要以真實世界的真實經驗為基礎，即必定要將某些事情說出來。」

Steels 認為，機器人不可能像人類那樣學習語言，但他相信語言及其意思是同步發展且關係密切。Karmiloff-Smith（1992: 69）提出兒童是問題製造者，同時也是問題解決者。她跟 Steels 一樣，辯稱兒童在「製造意思」方面付出很大努力，兒童發明語言的同時，亦接受別人與他們對話時所用的語言。

> 在綠色小屋幼兒園內，有兩位女孩試著攪和水盤內的油和漆。他們互相談起油漆的混合狀況，「你看！我的已攪成一個個圓了！」「是呀！我的也一樣！看！看我的，已經快混在一起了，看吧！」

「看！我的已攪成一個個圓了！」

語法規則

94

　　Steels（2002: 2）與很多語言學家不同，他用另一種角度解釋語言文法的發展。「正確的語法規則在使用時絕不會一成不變，各項語法規則只是單純地幫助我們明白語言而已。」Whitehead（2002）則認為語言會不斷地發展，某些生字的意思也會不斷改變，有新的生字出現，也有一些生字會被淘汰；此外，語法和規則也會持續改變。

　　他認同 Chomsky 所提出適用於所有語言的一套靜態觀點，是能連接到腦裡的基礎文法準則。Steels 的工作需要與其他人交談，並且一起制訂定義，提出一些關於人類語言發展策略的歷史議題。Chomsky 認為，語言法則和聲音在腦和基因中是有譯碼的，這種說法是否正確？抑或是正如行為心理學家 Barrhus Frederic Skinner 所想的，語言法則只是與學習法則有關而

已呢？Steels 認為，將「可觀察的心理狀態」理論化是不合理的，因此，答案看起來好像不是「是」也不是「否」。

語言是一種複雜的互動過程，尤其當我們與自己及他人溝通時，以及當我們提出主意的時候，嬰兒自出生開始就運用語言，展開 Calvin（1996：88）稱為「合理猜測」的終生過程。合理猜測幫助幼兒聆聽和理解生字、文法。創造幼兒的語言智能，發揮幼兒能力，讓他們運用聽到的話，幫助他們說話，過程中說和聽是相輔相成的，缺一不可。

透過說和聽發展語言能力

拓展單語、雙語或多語

對嬰兒來說，認識語言是怎麼一回事是個極大挑戰。對於出生時就喪失了聽力，或者有特殊需求的兒童來說，他們面臨的挑戰就更大。然而，嬰兒和兒童一旦明白如何創造語言和解讀不同語言，他們的世界便會得以刷新且充滿希望。

有些老人家的孫兒能說兩種語言，看著這些兒童能夠了解語言並成為演說家，這些老人家自然會感到滿足。懂雙語的兒童能有規律地從一種語言轉換到另一種語言，他們不但不會混淆，而且會結合兩種語言；此外，我們發現，他們能掌握有效對策來幫助自己從一種語言轉換成另一種語言。

嘗試新的語言

鼓勵兒童嘗試新語言是很重要的，或鼓勵他們嘗試運用正學習的母語，讓他們在沒有壓力和不會有太多公眾注意的情況下嘗試。成人扮演重要的角色，就是安排與幼兒單獨或小組形式對話的機會，因為幼兒聚集一起時，他們感覺身處一大群人之中，就很難輕鬆自在地學習語言或其他事物。

兒童與感興趣的人會較容易交談，甚至有些時候即使身處小組之中，

95

只要能讓他們感到安心，分享時不用久等的說話場合，兒童就會積極地發言。當他們知道自己的發言會有正面讚賞，知道沒有人會催促他們、代替他們發言、批評他們的錯誤，或者嘲笑他們，兒童就能夠自在地看著和聆聽他人發言。而且當他們感到安心時，他們還會加入發言。

「席芙坎（四歲）是一位來自土耳其的新學生，她轉學來到聖方濟學校時，並不會說英文。她運用想像力，拿著拖把走到大堂『清潔』，她腳邊還放著一個沒有水的水桶。沙德曼，也是在學習說英語，拿起刷子來幫席芙坎。」（Lamb, 2001, narrative observation）。

兒童會透過遊戲進行非語言溝通；在沒有壓力情況下一起創作故事，能鼓勵他們用英語嘗試說詞語和短語。

第一個字和片語

幼兒不會與空氣交談，他們需要與人對話，都想談論有趣的事物。兒童說的第一個字都是與自己愛的人和重要的事物有關，例如，他們飲用的杯子、湯匙、寵物、嬰兒車，或最愛的玩具。交談對象和談及的物體皆可反映出各人成長的文化背景。

根據 Mandler（1999）所提出美國幼兒會說的首個詞語之一是「去」（gone），當時成人都未能領會幼兒的意思，但是當幼兒說出「媽」或者「爸」時，成人卻會因此而慶祝。Mandler 提出了解語言和空間是共同發展，幼兒說的第一個字「去」是幼兒在嘗試訴說餅乾掉在椅子上，即餅乾從一個地方移動（去）到另一個地方。

我們發現幼兒透過感官和移動在學習，伴隨著發展語言和插曲式的記憶系統，他們逐漸能長時間地記著一些詞語。當然，幼兒會記著和創造的詞語，都是與他們的感覺、關係和思想有關，而且各有意義。

96

培養對話能力

Vygotsky（1978: 118）提出「培養」學習和「強加」學習的區別。成人傾向於不斷對幼兒說話。幼兒實際需要的是培養語言能力，成人應該與幼兒交談，方能豐富幼兒的語言發展。

> 與幼兒交談就好像跟他們玩球，如果成人想成功地進行傳接球遊戲，首先要保證幼兒做好準備動作，把手臂彎曲成杯狀可以抓住球，傳球一定要輕而準地拋出，使球落入幼兒手中。輪到幼兒拋球時，成人必須準備好跑到球的落點，並把球帶到幼兒想拋的落球點。（Gordan Wells, 1987: 50）

與兒童對話要有敏銳度

Anna Freud 認為，最稱職的幼教專業人員不會要求幼兒跟從他們；相反地，專業人員會跟從幼兒，並會視小組內每位幼兒為獨立個體。

現代的語言治療師，如 Manolson（1992）亦同意 Anna 的看法，她強調讓兒童主導對話很關鍵。她認為，成人與兒童一起分享的時間很有意義，可藉此增加兒童的詞彙量和經驗，意思是我們要避免因為趕時間而倉促地「幫」兒童說話。我們需要調整自己的頻道去了解兒童嘗試在說什麼，或在表達什麼（沒有說話時），以此理解兒童的感受和想法。

Manolson（1992）鼓勵成人按照以下方法與幼兒對話：

- 面對面，但不要太逼近兒童（屈曲膝蓋、接近地下、伏臥在地上、坐在地上而幼兒坐在椅上）。
- 表現出你在聆聽，回應幼兒的聲音，或重複他們說的話。他說：「這是一朵花。」你可以說：「對，這是一朵美麗的黃花。」

- 若兒童的話說不太清楚，便要猜他們在說什麼，且要用疑問的音調，或者輕聲地解釋你不明白他們在說什麼，鼓勵兒童繼續嘗試用不同方法和你溝通，直至你明白他們的意思。
- 擔任一位好的輪流對話者，除非輪到你對孩子說話，否則你最好還是不要說話。
- 若要使對話持續進行，就要解讀孩子對你的非語言溝通，亦要擴展你要說的話。

97

雖然上述最後一項方式適合每位兒童，然而，對於參與兒童工作，以及想要支援兒童語言發展的成人而言，與兒童持續對話確實是一項很大的挑戰。有些兒童有自己的想法，但不熱衷與人分享想法；有些兒童則很喜

當成人敏銳地感受兒童的興趣時，兒童就會喜歡與他們在一起

歡跟你說話；有些就很害羞，有他人在場時，可能會無緣無故地變得孤僻內向；有些兒童會不停地聊天，但不會真正討論到自己重視的事物以進行有意思的對話。

98　談論有趣的經驗

在兒童之家，尼基在縫紉，有位員工在旁支援尼基進行縫紉。她（那位員工）蹲下身與尼基在相同平視高度；當尼基嘗試向她解釋纏結的線狀物時，她會聆聽他說的話，亦會跟他說縫紉的技巧，要從線狀物的一端進去，然後在另一端出來。尼基需要她一直提醒他。

她不會用很多教學法而令尼基感到不知所措，她會專注運用其中一種。因為尼基嘗試告訴她，這線狀物讓他有挫敗感，所以她選擇與他談論纏結線狀物；談論過程中，她幫助他成功地完成，也由於有她在旁支持，使他可以持續地自由設計，他亦會在聊天時談論自己的設計。

向兒童提問

向兒童提問是一件頗為冒險的事。其實，只有成人真誠地想知道答案時，提問對兒童的語言發展才有幫助，才可幫助兒童持續地交流想法和對話，然而，成人向兒童提出的大多數問題並不是這種類型。

Manolson（1992: 21）提出，適當且真誠的提問可以是：

- 幫助兒童去期望。之後是什麼？若是……又怎麼樣呢？現在怎樣？
- 允許兒童選擇和決定。你想畫畫或用黏土？
- 延伸孩子的想法。現在發生什麼事？它是怎麼運作的？

最早深入研究兒童提問的其中一位科學家是 Nathan Isaacs（in Isaacs, 1930: 291），他是 Susan Isaacs 的丈夫。他主要探究四歲幼兒的「為什麼」問題。他強調要適時提問合適的問題。若提問可以讓兒童深入探究事物的起點，這些提問對兒童拓展學習會很有用。當成人沉醉於不斷提問，讓兒童不斷作答，這些提問便會顯得浪費時間和精力。有效的提問將會成為某些探究活動的起點，這些提問就是豐富對話的有用方法。

成人的提問經常顯示著部分的權力關係（有時稱為領導權），成人則是掌握所有權力的一方。這種情況通常是成人會問一些知道答案的問題，且不理會兒童的問題、沉思和疑問。

提問可幫助我們接觸別人內心

99

Whitehead（2002: 4）認為，在兒童一歲或一歲多時，可以建立一些關鍵字和片語去幫助他們「交換意思」，亦是開展「聯繫兩顆心的複雜事務」的典型時期。一旦兒童能自然地運用這些字詞，家人或照顧者亦意識到要共同使用的時候，語言便得以逐步擴展。隨著「什麼？」的提問之後，就會出現有關何時、何地、如何和為什麼的問題。

提問可幫助兒童尋找原因

我們發現，人們關注兒童第一次說話和兒童敘述的事件，然而在幼兒約兩歲時提出的問題讓我們發現，幼兒亦會著迷於時間和事情的因果關係，因為時間和物體、空間和原因會影響人們的行為表現。

學習說話跟智力同樣與感情有關。「媽媽到哪裡去」、「她什麼時候回來」以及「為什麼她出去了」，都是充滿感情的事。圍繞著解答這些提問的研究指出，如果我們支持兒童的想法，並且幫助他們以理智方式理解和描述事情，我們就能夠幫助兒童去面對、解決和管理情感。「知識是在經驗啟發中持續調整和修正。」（Goswami, 1998: 281）。

提出的問題可以不用附上問號。「我想知道……」、「若是……又怎

樣」、「假設……」是其他形式的問題，這些問題也可以開闢兒童的探究和反思。

鼓勵兒童發問

成人最好能幫助兒童著手去想他們想問的問題，且透過「持續分享對話」（Siraj-Blatchford 在 2002 年確立的）分享他們探究所得和想法在發展語言過程中是很重要的。

> 在卡素拜爾家庭中心，克里斯托夫一直在觀察保育員珍妮做麵包。「珍妮你在做什麼？」那時候她正在以麵包作為快餐，他說：「我幫你。」他跟從指示用一少許的麵團做出麵包捲。（observation by Lyn Tarlton）

100

> 克里斯托夫透過問珍妮問題，知道麵團將用來做麵包。這些知識幫助他更清楚明白麵團是用來做什麼的。

真實的親身體驗對學習語言是很重要的。一起分享經驗能培育（培養）語言能力，因為憑藉兒童的真實經驗——兒童開始理解自己的學習，並會明白人們對他說話的內容是什麼。在第七章，我們將會詳細了解兒童透過感覺和動作去學習的方法。

成人的對話方法能起關鍵作用

除非兒童有真實經驗去幫助自己理解人們對他說話的內容和意思，否則他們不會說話。一般情況下，他們需要依靠成人和其他幼兒的支援，成人要給幼兒額外的資訊，這對於兒童的語言學習是很重要的。

當兒童發現一顆閃亮小珠拿給我們看時，我們能夠與他分享，並談論小珠；我們可以告訴兒童小珠的額外資訊，兒童會熱切地聆聽和參與。若兒童丟下小珠，我們可以說：「哇！你有看到它彈起來嗎？」在真實環境

中新增詞彙，讓兒童想要小珠再次彈起，這時你可以與兒童一起談論這小珠。若兒童把小珠丟出去，你可以說：「小珠可以在地上彈起，但是，如果你把它丟出去，它可能會跑到其他人的眼睛裡，所以我不能讓你這麼做。」

延長對話──增加詞彙

兒童只可以透過別人提供新詞彙來增加自己的詞彙量。

- 命名。那是一輛汽車。
- 強調重點字。那是一輛**汽車**。
- 解釋。爸爸開車上班。
- 談及相關感覺。你喜歡坐車，是嗎？
- 描述。那輛車很髒。
- 假裝。讓我們把椅子當作車子去推它。
- 說說你昨天做過什麼，或者最近做過什麼。
- 說說未來。明天我們會坐車到祖母家。

101

當我們與兒童交談時，我們會用手勢、肢體語言、面部表情，和其他非語言溝通方法。我們利用這些方法讓兒童知道我們的想法，就好像我們搖頭表達「不」。

希望支持兒童語言發展的成人可能會有以下想法：

- 如果我說一些話，你會注意到嗎？
- 如果我說一些話，你會回應嗎？
- 我們想與對方談更多嗎？
- 我們將要談什麼？

從上述內容得知，我們與兒童說的話是極度重要的。當每個人能分享和闡述自己對某些事物的想法和感受，且令其他人感興趣時，沒有東西能

比得上這種人與人之間真實的對話。Siraj-Blatchford 等人（DFES, 2002）指出，「持續地交流想法」和對話對幼兒（很有可能遍及我們的生活）的學習能產生巨大效益。如果兒童在三或四歲時只懂得很少量的詞彙，會影響他們日後讀和寫方面的發展，在他們小學結束時，對於自我行為管理方面也會有負面影響。

與他人談話時被中斷會有很大的挫敗感，例如，當人們突如其來被打斷談話，且不知道說到哪裡；又或是由於不能說對方的語言，被對方孤立，同樣會有挫敗感。

豐富的語言能力可提高思考、理解、管理情感、社交、與他人聯繫的品質，以及有助意義的具體化。

 實際應用

- 你會花時間與兒童交談嗎？當你匆忙地趕工作進度，專注於組織工作時，你就甚少會停下來思考一下，為何你會在這裡。提醒自己，在這裡工作目的其實就是盡可能讓兒童的生活更豐盛。

- 當兒童向你走近時，你會否蹲下來與他們平視的高度，聆聽他們的話，然後回應值得重提的話？或你只是迅速且有禮貌地回應，然後很快就離開？

- 你會與兒童在活動後繼續交談嗎？如：「你知道嗎？你給我看的那個自製模型飛機，讓我想到一架雙翼飛機，哎呀！我在這本書裡找到一架。」

- 你是否持續關注能引起你或兒童興趣的事物？如果你從孩子的興趣出發，你可能會發現你能幫助孩子學到更多。

- 當你幫助孩子學習他感興趣的事物後，你發現此事物可以傳播和影響其他兒童嗎？

• 你認為根據觀察兒童所發現的情況，與同事共同修訂教學計畫，會使計畫更完善嗎？同時也會使兒童樂於學得更多嗎？

延伸閱讀

Clarke, P. (1992) *English as a Second Language in Early Childhood*. Victoria, Australia: Free Kindergarten Association.

Rice, S. (2001) 'Luke's Story', *Early childhood Practice: The Journal for Multi-Professional Partnerships* 3(2): 60-8.

Whitehead, M. (1990) 'First Words. The Language Diary of a Bilingual Child's Early Speech', *Early Years* 10(2): 3-14.

Whitehead, M. (2002) *Developing Language and Literacy with Young Children*, 2nd edn. London: Paul Chapman Publishing.

實際動手學習

主旨

　　最有效的學習方法是促進兒童協調地運用感官來學習，如視覺、聲音、動作、觸覺、味道和嗅覺，讓兒童學習過程中得到豐富、廣泛和深刻的經驗。早期幼兒教育課程很著重提供木製品、烹調、沙、水，以及攀爬和平衡等學習條件和機會。

　　讓兒童置身於建構完善的學習環境（室內和室外的），讓兒童透過類似準備和分享餐點這類能主動學習的活動，自然地拓展學習。

　　不論兒童屬於視覺學習者、動覺學習者或其他類型的學習者，各種感官學習都有其特點和內涵，所有兒童都能透過不同感官體驗而學習。基本上，每位兒童都能從多感官學習及動作回饋中得益。

　　成人是組織有結構的學習環境（包括材料、安排日程、常規、提供經驗和運用材料的方法、敏銳的對話）過程中的核心人物。

　　相較之下，兒童更容易記住那些曾主動運用感官學習的情景。

感官與動作發展

視覺

本書的一開始我們曾提及克里斯托夫在卡素拜爾家庭中心，他坐在嬰兒車上，運用良好視覺觀看周圍的事物，意味著他能協調雙眼看清周圍事物的景象。

104

聽覺

克里斯托夫也能夠充分運用雙耳，這就是所謂的聲音定位。Ratey（2001: 94）說：「偵測聲音位置的能力對人類發展進程有深刻的意義。」

感官互動

當然，我們聽到或看到事物的方法，兩者並非獨立且分離（互不相關）。「感官互動為我們產生一個『合理』的世界。研究者發現，當面部表情與說話同樣不能分辨時，會運用語言的視覺暗示，如嘴唇的形狀會啟動聽覺腦皮層。」（Ratey, 2001: 95）。

我們的大腦亦有能力幫助我們在雜音中找出重要聲音，即使身處一個充滿噪音和音樂的房間裡，我們也能聽到附近的人在說什麼。我們其實十分注意人類的聲音，更確切地說，我們有時用眼睛去聽，用耳朵去看。我們所有的感官（視覺、聽覺、味覺、嗅覺、觸覺）以及動作回饋，是相連的、互相協調且共同運作。

動作

只有環境許可的情況下，幼兒才能透過其感官及動作回饋來學習；當幼兒被置於典型的教室、主要做書寫練習、長時間坐著、多數是成人在說

話，並要求幼兒完成成人指定的作業，就會嚴重局限學習的可發展性，學習可能會有長期的負面影響。

Goddard-Blythe（2000: 7）指出，坐著也需要良好的協調能力，成人亦然，所有身體背部有問題的成人都會明白這個道理。

觸覺

「尋乳反射是感官發展最早期的訊號，當母親觸摸嬰兒的臉時，嬰兒會把頭轉向母親的手，尋乳反射在這時便會發生。在母親哺餵新生兒時，尋乳反射能幫助嬰兒找到母親的乳頭。嬰兒會本能地對其他觸覺刺激有反應，例如，當你碰觸嬰兒的手時，他會緊緊抓住你的手指；搔嬰兒的腳時，他會彎曲起腳趾。」（Ratey, 2001: 76）。

105

早產嬰兒及其觸覺

Field 的研究（1999）指出，每天替早產嬰兒按摩三次，每次十五分鐘，這樣嬰兒會較其他早產兒重 47%。

喪失身體觸覺的嬰幼兒

Mary Carlson 發現，羅馬尼亞孤兒院裡的襁褓嬰兒從沒有被觸碰過，只是被支撐著餵養。這些嬰兒各方面皆發育不良，因此，他們樣子看起來好像只有真實年齡的一半。

美國學者Ratey（2001: 78）關注到那些較少得到有形感情（physical affection——以身體接觸傳達愛）的兒童，在成年後會變得更加暴戾。相較於其他國家，美國的兒童得到較少有形感情。他提出的證據說明這事實，在法國，人們在半小時裡會觸碰其朋友的肩膀或手兩百次；而在美國，兒童在同一時間裡平均只有兩次類似的觸碰。

味覺

味道和食物是相連的，我們在以下的「小寶寶食品」（Food for Tot）方案中會略知一二（pp. 121-4）。

我們的舌頭上、臉頰、口腔內上顎及喉嚨裡都有味蕾。

人類進化過程中，衍生出四種重要的基本味覺是：

- 甜，我們能量的來源。
- 鹹，維持體液和電解質平衡。
- 酸，變質食物的警訊。
- 苦，防範毒素。

日本人有第五種味覺，鮮味，意思是「美味」。

當喝了很熱或很冰的水，或是擦傷舌頭，我們的味覺就會由神經元持續進行自我修復。

106

進食

我們在感冒時不能夠嗅到嘴裡嚐到的食物氣味，因此食物看上去也好像沒有味道，味覺和嗅覺是相連的。我們進食時用舌頭去感覺食物的質感（食物質地和溫度），很熱或很冷的飲料會使我們的味蕾變遲鈍。

食物的外觀和擺放方法也很重要，陶器的聲音、切割的聲音、玻璃的叮噹聲，這些都會成為進食經驗的一部分。

接下來，我們將會知悉日常為兒童準備食物，以及輕鬆地共同用餐方式，這些都是鼓勵人們在進餐時與喜歡的人享用美食。

透過感官和動作學習

透過感官和動作進行的學習即為主動學習，主動學習促使兒童擁有智慧的生活，讓他們學會做決定和懂得選擇，從中建立自己的興趣、與支持

他們的人一起做好準備應付具挑戰性的事情，一旦情況變得棘手時也能維護，過程中能提高自信心和培養良好品格。

主動學習促使幼兒具備以下各項能力：

- 自主。
- 有自我動機。
- 展示勇氣。
- 考慮到其他人。
- 進入深層的學習。

主動學習是具支持性和拓展性的學習法，使兒童能全人發展，成為完整兒童。主動學習的學習方式包括意念、感受、關係和物理性的學習。透過感官和動作培養主動學習，形成各方面的學問。

學習模式和多感官學習法

很多研究者寫過有關不同學習模式的文章。其中有兩種模式（Rayner and Riding, 1999: 9）：

- 「整體—分部」模式，包含把資料有條理地組織成整體或部分。
- 「言語—意象」模式，兒童把說話和思考的訊息在腦內用圖像代表。 *107*

本研究借用 1980 年代 Dennie Wolf 以年紀較大的幼兒作研究對象的研究內容來解釋。她和同僚在哈佛零計畫（Harvard Zero Project）（Wolf and Gardner, 1978）中發現，有些學步兒較喜歡用整套的茶具玩具作角色扮演的道具，玩模擬茶會遊戲；有些則把茶杯和淺碟擺放成茶會的格局。

Wolf 稱呼這些兒童為「劇作家」（和言語—意象模式有關）和「模仿者」（與整體—分部模式有關）。他們的重要發現之一是，被研究的幼兒在三歲就能運用這兩種學習模式，而且幼兒會經常使用自己喜歡的學習方式。因此，「模仿者」玩「茶會遊戲」時會先小心翼翼地擺放桌子，再讓

洋娃娃坐在桌上;「劇作家」則把洋娃娃擺放在桌子上,幼兒自己扮演父母,且把洋娃娃當成自己的孩子,叫他們喝茶。

這一切說明了不管在任何家庭或機構,拓展學習的核心並不在於兒童用哪種學習方式;重要的是,室內和室外學習環境都可迎合所有學習方式,並可運用多感官學習。

在英國,幼兒園雖已有一百多年的歷史,他們仍仿效著世界各國高質素的幼教政策,強調室內和室外環境,以及在社區中運用感官和動作的主動學習,他們有持續的常規紀錄,這些紀錄都是獲研究認可的高質量紀錄(EPPE, 2002)。

本章將會討論如何能夠創造培養學習發展的室內和室外環境。學習環境可以是在家裡,或在一個小組內,而事實上,一些好的學習環境是設置在室外,並不是在室內。

室外花園

兒童選擇花時間在室內還是室外其實並不重要。若室內或室外環境不能供給兒童合適的東西時,兒童的學習發展都會受限制。普通的室外環境通常未能為兒童提供可增進學習發展的條件。

108

安排室外環境成為主動(不是被動的)學習的方法有兩種。

方法一:區分室內和室外空間

這裡室外學習的機會跟室內頗不相同。紐西蘭奧克蘭教育學院(Auckland College of Education)(Hatherly)的一項研究提出以下各重要條件:

- 一個開放的空間。
- 大面積的沙地。
- 攀爬區和鞦韆區。

- 勘測試驗區。
- 種植區（花圃）和自然環境。
- 成人經討論後得出十年內維持室外環境外貌的策略。
- 遍布自然灌木和植物的花園。

這方法強調創造室外不同區域間要連貫的重要性，亦強調從室內到室外的範圍間必須連貫，每一事和每一物都要經謹慎考慮後才設置，以創造出一個連結室內和室外的協調空間。

方法二：室內和室外空間的共鳴與調和

這方法是根據英國幼兒園的傳統作法，提出每樣室內應該有的事物都要以另一種形式在室外置放。Ouvry 強調把時間花在攀爬架上的兒童，他們在運用肩膀的同時，也在發展其身體協調能力以及拿筆寫字的技巧（Ouvry, 2000）。她提出成人應嘗試伸長手臂，並握著攀爬架的橫杆，目的是看看這動作是否與握鉛筆的肌肉有關。在綠色小屋幼兒園，幼兒會在室內用塗料在桌子上繪畫，在室外拿著一桶水和塗料混合在碎石路面或牆上畫畫。這種方法，讓室外花園起補充作用，並且與教室（室內）內的活動共鳴。

在本書內，你將會看到兒童攀爬、搖擺、種植、探勘、在沙地玩耍，和運用大面積開放空間的例子和圖片。你也會看到兒童運用室外空間補足室內空間不足的情況。結合兩種方法會產生效力宏大的結果。

木工是一種傳統的學習經驗
109

在金美倫堂幼兒園，教職員將兒童帶到戶外一個又嘈雜又混亂的木工工作檯，這也是一種最佳的主動學習。一個四歲的小女孩覺得用鋸時需要有成人在旁邊，讓她更有自信和勇氣。

成人會幫助小女孩用老虎鉗固定木頭，她手拿的鋸大小是配合她的手型，木頭表面不粗糙且很容易被鋸開，她有足夠的空間讓她在不危及他人情況下鋸木，這些都是安全性的問題，成人要謹慎地做好危險性評估，並且要先向幼兒的父母報告。安全性與關注問題相比（可以是強調危險性），強調危險性評估更為重要更有用，因為能找出改進方法，並且不會剝奪幼兒無價的學習體驗。在英國和其他國家，「給予幼兒安全的木工經驗」這傳統已有一百年的歷史。

提供給幼兒的工具如下：

* 一張木工工作檯。
* 一個鐵鎚，不會太大太重，也不會太小太輕。
* 一把手動鋸，配合幼兒的手的大小，適合幼兒使用。
* 一支老虎鉗用以固定木頭。
* 一盒釘子，內存各種釘子，釘盒放在木工檯下的架子。
* 一對鉗子，用來夾住釘子或拔釘子。
* 經謹慎選取的木塊，不能太粗或太硬；木塊要置放於木工檯下，放在讓人容易看到且易於拿取的位置。
* 砂紙要貼在木塊上，讓兒童容易握住。
* 木工檯上有各樣工具的範本，可減少收拾用具的時間。
* 在完成木工製品或進行木工的地方，可以擺放一張桌子。

兒童學會相關的專用詞彙

成人會幫男孩把木頭放低一些，男孩用鐵鎚敲著連接兩塊小木的釘子。當兩位兒童各自做他們的木工藝時，成人會與他們對話，並告訴他們一些木工藝的專有詞彙，如「鐵鎚」和「鋸子」。

如此，兒童依賴成人幫助他們理解和思考詞彙，以增加他們所學
的詞彙。

對話中分享有趣經驗

　　利用鎚子和釘子把木塊連接起來，或者把大木塊用鋸子鋸成一塊一塊
的小木塊，在製作過程中純粹動手而缺乏對話或交流，會影響學習素質；
然而，加上討論即可提高素質，如交流所用工具的名稱和用途，和可能會
做好的成品等。例如剛開始時，兒童要知道製作步驟並認識材料，如木塊
用來做什麼？如何把木塊由一種形狀變成另一種形狀，或者如何把小木塊
連接在一起？這些工具叫什麼名字？等等。

　　正如第六章所提及的，兒童是透過語言、非語言或閒談以領會某事物。
他們是主動學習者，並且想要了解事物。在安全的情況、明確的範圍和支
援下，即使只有三或四歲的幼兒，被允許使用木工工具時也會感到興奮，
這種學習經驗可能會讓他們永遠不會忘記，也就是高素質的學習。

　　當兒童變得更能幹時：

110

明白木材的構造

- 他們開始負上安全性的責任，並會評估木工的危險性。
- 他們學會如何用鎚子羊角形的一端拔出木塊裡的釘。
- 他們會製作複雜的成品和模型。
- 他們了解需要運用軸、鉸鏈、彈簧、維持矩狀模型用的三角形物體，也明白如何把各部分連接起來。
- 他們學會用釘子和螺絲釘、鎚子、螺絲起子、老虎鉗以及各種鋸的用法，並且了解它們的不同之處。
- 他們學會科學和技術。
- 他們會描繪事物如汽車，會讓他們表情變得豐富、具創造力、善於溝通，並學會創作故事。

與學習領域聯繫

111

　　聯繫不同的學習領域，具體可參閱英國任何官方的課程框架文件。其他如北歐國家、紐西蘭（幼兒課程框架名叫 Te Whariki）、義大利北部的彼斯道亞（Pistoia）、瑞吉歐艾蜜利亞（Reggio Emilia）等國家地區，較著重兒童如何學習和學習意向，反而不是強調兒童學會什麼。

　　對於英國的兒童來說，早期的學習重點除了要關注學習內容外，也應該重視兒童的學習方式（透過積極地運用感官和動作，與社區內的人交流）。

過程與成果

　　不是所有兒童做出來的東西都是學習成果。兒童可能曾用木或黏土、顏料或已有材料、痕跡創作（運用毫無意思的點、線和圖形組成一幅有意思的畫）、動作或聲音等進行實驗。過程中，兒童可找出材料的用途，及了解如何使用材料，這種學習機會是很重要的。學習過程中，催促兒童製

作成品並不重要,最重要的反而是製作的過程;同時也要讓兒童知道,你重視和尊重他們的製作成果。

不是所有兒童都想公開討論自己的成果;他們可能只想把成品(如跳舞或唱歌時拍下的照片或影片)帶回家,與自己家人或照顧者私下分享。

他們可能會簡單討論一下自己的成品、跳的舞、創作的歌、繪畫的畫、撰寫的書、製作的模型或泥土雕像等;他們也可能會允許你展示出創作品。兒童之家裡展示出各種各樣的木工藝品,其中包括一本跟木有關的書;這些設置可鼓勵兒童討論有關樹木的來源及其用途。

膠水的魅力

> 兩歲的克里斯托夫使用膠水的經驗已有數個月了,卻沒有興趣完成製品。他喜歡把膠水擠出來,使膠水流過手指,我們稱這種感覺為 "gluck"。之後,他開始利用膠水把物體黏起來,並把可黏在一起的物體做比較。(Tarlton, 2002)

成人很主動地幫助克里斯托夫,觀察時發現成人除了會提供所需的東西外,也會特別注意他在拓展學習過程中,從一個階段轉到另一階段的時機;現在克里斯托夫知道膠水的用處了。

112

知道如何轉換材料

兒童會利用感官去認識材料,且會從使用材料的有關動作中得到回饋(動作學習)。我們知道兒童經常嘗試運用不同材料做實驗,很多時候兒童會描繪他們利用各種材料製作出的成品,如汽車等。正如本書中其他章節的論述內容,此等使用象徵符號的內容是作為人類的核心部分,是非常重要的部分。

水究竟是什麼？

什麼能促使其發生？

　　拓展學習的另一重要概念，是讓兒童逐漸能梳理事情發生原因的方式。這與明白物件如何改變和變換有關。沙在乾的時候是一種形態，濕的沙與乾的沙不大相同，沙如何從第一種形態（乾）轉換到最後的形態（濕）呢？在這過程中發生了什麼事呢？

　　我們會阻止兒童把水倒在地面的乾沙上，因為濕的沙在變乾的時候會發出臭味。Corinne 和 John Hutt 曾做過一項研究（Hutt, Tyler, Hutt and Christopherson, 1988），研究結果顯示，當成人用討論和交談方式（不是以上課講解的形式）協助兒童理解這些事物變換的時候，兒童能從中學會更多知識。

　　Piaget 稱這些變換為功能相依性。簡單來說，兒童若能明白這些轉換，將有助於拓展其因果關係的思考（Athey, 1990: 29）。兒童需要明白：

- 起始點（一塊木頭）。
- 結束點（兩塊木頭和一些鋸木屑）。
- 從起始狀態（一塊木頭）轉換到結束狀態（兩塊木頭）之間發生了什麼事（鋸木頭，用老虎鉗固定木塊）。

113

可逆性和不可逆性

　　有些轉換是可以逆向發生的，濕的沙可以變乾，分解鹽和糖得到的水可以被蒸發，冰能融化成水，蒸氣能壓縮變回水。

　　有些轉換則不能逆向發生。木頭一旦被砍或成為木屑後，將不能變回一整塊的木頭或是一棵樹。與兒童一起煮食、營火或燒烤的過程，例如，把木材或木炭燃燒成灰燼，可以幫助兒童了解材料的可逆性或不可逆性之轉換方式。故此，森林學校和幼兒園會提供適當的危險性評估，給予兒童這些重要的學習經驗。

認識材料

　　然而，在兒童能夠體會並了解轉換和因果關係，或能夠描繪物件（如狗、人、樹和汽車）前，他們需要透過感官和動作回饋來認識材料，他們會這樣自言自語地說：「這是沙，當它在木桶內還是不是沙呢？沙什麼時候會從沙坑或沙盤裡灑出來呢？沙是不是總是被倒出來呢？沙是不是總是灑出來的呢？」兒童發現沙是沙，而且他們會對經常出現的情況有特定的歸因。此處的歸因我們可稱之為「沙地的沙」。

沙地的「沙」

　　提醒自己材料的特性和成因，這對於成人來說頗為有用。沙是什麼？沙是隨著海浪飄浮最後擱淺在岸上的殼狀物，形成沙灘。除非我們協助兒童理解，否則兒童自己不會知道沙是什麼。要讓兒童明白沙是什麼的話，普遍的方法就是給兒童杵、研缽和殼狀物，並且幫助他們製造沙；理想的 *114* 方法是帶兒童到沙灘，給他們容器、鏟、耙和篩子，並且與他們一起談談與沙有關的有趣經驗。

滿的、空的和濕的沙

　　在金美倫堂幼兒園內，有一位三歲的小女孩專注地探索沙。她母親在家時不會趕她到外面，會尊重她喜歡做的事，跟她一起討論她正在做什麼。若我們不和兒童對話，他們不會知道以沙為中心的詞彙和片語。

　　她正在用鏟子把沙注滿一整個木桶，但是否會裝滿整個桶子呢？她回家前是否會把木桶清空呢？鏟子的大小是否適合把沙注入木桶？她正在鏟起沙並注入桶裡，但沙是濕的，她能把沙灑出來嗎？沙是否一定要變乾，她才能把沙倒出來呢？

　　她母親可以說是一位良好的觀察者，藉著帶入女兒對沙的陶醉，她發現女兒很喜歡用沙填滿木桶，便以此話題與女兒對話，

藉此幫助女兒探究和認識沙。

兒童和成人更合理地共處 115

兒童不能從成人身上學會所有東西，有些人認為，兒童需要成人的教導才能學會某些事情。在本書中，有很多例子是關於兒童從材料及其他人身上得到知識。當成人敏銳度不足時，他們非但不能幫助兒童學習，反而會妨礙兒童學習。敏銳的觀察者會把自己帶入兒童感興趣的事情，有技巧地運用兒童已有知識，並且有充分準備去瞭解兒童感到困難的地方。

在兒童之家拍下來的一連串照片裡看到一組兒童在採摘黑莓，他們彼此交談，並就黑莓提出意見。它們是黑色的，容易壓扁，生長在刺藤上，你可以吃它們，可以烹調它們，可以用它們製成果醬。兒童把他們之前對黑莓的認知與現在的新發現連結起來。兒童可能曾吃過黑莓果醬，然而這是第一次在黑莓變成果醬前，真正接觸到真實的黑莓。

更多討論亦隨之而來，「給我那顆，我要它。把它放在籃子裡。下一顆是我的。」他們彼此合作，尊重彼此的空間，同時一起從刺藤上摘下黑莓。男孩很穩定地拿著籃子，其他兒童把摘下的黑莓放在籃子裡。他們學習如何親切地合作，靈敏地與其他人相處。

在花園裡種植

雖然愛挑剔的成人不願讓兒童接近花圃，怕他們的腳會踩踏花圃，其實兒童可以在花園旁邊嘗試種植。兒童愛用園藝用具，且喜歡有目的地挖洞。

尼基喜歡戴著園藝手套，然後用小鏟子挖一個跟植物大小相約的洞，並且在地面上標上標記。成人會給他看一些已經栽種的植物，隨後他便知道剛種下的植物將會如何成長。他會被這話題吸引著，且專注地參與其中，進行對話。

116

採摘黑莓和談論它們

開展空間並移到其中

刺藤種在花園的邊緣，這些刺藤能防止干擾者闖入，且能生出黑莓，沿著花園邊緣行走，觀看和採摘黑莓也是一件有趣的事。

兒童能跑能跳，能單腳跳，能使用手推車，能踩三輪車，也能跳舞和共同合作使用大氣球傘，所有參與其中的兒童都會感到愉快，尤其是在舉起和放下氣球傘時，使氣球傘處於飄揚狀態的過程。兒童可用一桶桶的水、塗料滾輪或大刷子，在碎石路面上畫畫。本書中有很多是關於兒童使用不

同類型工具動手操作的實際例子。

透過這些例子，負責的幼教專業人員能幫助兒童連結不同領域的學習；雖然在英國不同國家之間會存在差異，學習內容都會包括感情、個人的、社會的、具表達性和創造性、數學和身體的溝通和語言、知識和對世界的認識，以及讀寫能力的發展。真實和直接的多感官學習經驗是很重要的，這些經驗能以不同方法與各領域的學習聯繫起來。

烹飪

煮飪並不是學習的一個範疇，跟騎單車和畫畫不一樣，後兩者需要學習經驗和機會。很多時候，成人只會把一個學習經驗聯繫到單一個學習領域。比如說畫畫，經常聽到的是，畫畫只用來支持兒童發展創造力。事實上，畫畫也可以學到科學性知識，兒童能把顏料從粉狀轉換成爛泥狀再轉換成水狀，並且改變顏色。

從照片中看到聖方濟各幼兒園裡的兒童，在成人協助下進行烹飪，其實，每天都可以讓兒童選擇一項此類動手操作的體驗活動，這亦是蘇格蘭幼兒園日常教學活動的特色。

兒童從一份簡單的食譜開始，製作巧克力脆片給自己，從中學會用滿滿一茶匙算出每一種材料的份量。他們能逐步製作出麵包捲、烤餅、給鳥吃的蛋糕等。兒童也會跟著學校員工製作的食譜烹調，這些食譜是用簡單易懂的圖畫和文字寫成，記錄了各種材料需要的茶匙份量。

兒童煮食時的心情跟他們參與木工活動時都是一樣滿懷興奮。他們很快學會要注意安全，學校員工也會謹慎地做危險性評估。一些食譜如脆片，製作時需要使用保護性的夜間用燈加熱，這過程通常會在成人的監管下謹慎地進行。其他食譜則需要使用烤箱，這時兒童便會在成人陪同下走到烤箱區域；也有其他食譜如水果沙拉，則不需要加熱。

即使是年齡較小的幼兒都能參與煮食。

117

兩歲的克里斯托夫對飛到家庭中心花園的小鳥很感興趣，他熱衷於用點心上的小碎片餵牠們。因此，成人會邀請他參與製作給鳥吃的蛋糕，過程包括切割、計算份量和分享。他告訴我們做好的蛋糕會放在冰箱裡，第二天他們會把蛋糕拿給小鳥吃。（Tarlton, 2002）

在卡素拜爾幼兒園及其教室內，兒童每天都有機會烘焙糕餅，午餐前會有茶點時間，兒童也會自己倒飲料和吃健康點心。

健康點心

請兒童在自己的杯子上貼上名字，這樣幼兒園的員工就能看出誰已有點心，並幫他們倒飲料。兒童知道自己每天會有一塊塗上起司的餅乾，或水果（如香蕉）或蔬菜（如蘿蔔）。此外，幼兒園員工也會教導他們進食完後要洗乾淨餐具，並把杯子和碟子晾乾。

118 日常的烘焙機會

這傳統來自 Brehony（2000: 186），她形容世紀轉變者 Froebelian 是專注於「家庭扮演著社區改革者的角色」。

兒童在聖方濟各幼兒園內能學到烘焙，員工會把所需的材料放在架子上，讓兒童拿得到，計算材料所需份量時，則會用金屬茶匙。當兒童獲得更多煮食經驗後，逐漸會用多種湯匙和量杯。每位兒童都有自己的攪拌碗和木製匙用以攪拌及混和材料。成人會根據蘇格蘭的傳統烘焙，利用員工製作的簡單食譜幫助每位兒童（Foley, 2000）。

食譜內每頁都有一張照片或畫像配合簡單的文字描述。

兒童學習照著食譜來煮食

食譜的封面有照片和書名「如何製作鬆餅」。

第 1 頁　洗手。

第 2 頁　穿圍裙。

第 3 頁　你將需要：（用具的圖畫，旁邊有用具的名字）

第 4 頁　你將需要：（材料的圖畫）

第 5 頁　把四大湯匙的麵粉放入碗內。（圖畫和標示）

第 6 頁　把兩大湯匙的奶油放入碗內。（同上）

第 7 頁　把奶油擦在手指上。（照片）

第 8 頁　在碗裡打一顆雞蛋。（照片）

第 9 頁　加少許牛奶。（照片）

第 10 頁　用手搓混合物。（照片）

第 11 頁　搓混合物直至混合物兩公分厚。

第 12 頁　用刀具切烤餅。（照片）

第 13 頁　把烤餅放在烘盤上。（照片）

第 14 頁　放在烤箱內約十分鐘。（照片）

第 15 頁　清洗和晾乾所有用具，放回原位。（照片）

烹飪與各領域的學習

煮飪經驗會聯繫所有學習領域，根據英國幼兒教育課程框架，包括以下四個學習領域。

個人、社會和情感發展

烹飪過程可學習和發展個人和情感層面。例如，烹飪需要耐性；同時，烹飪是有趣的事，也可以是社交活動，烹飪時會與人交談，把器具傳給其他人，一起清洗用具且互相合作。

數學發展

烹飪也涉及數學概念，過程中有一連串的步驟要跟著做：準備洗手、蒐集所需材料、閱讀食譜、記清楚每個步驟、計算材料份量、把半成品放進烤箱、分享成品、清洗用具。

知識與對世界的理解：科學、文化和傳統習俗

科學

烹飪讓兒童知道材料如何改變，並認識到在改變過程中經過的科學反應，知道雞蛋、奶油和麵粉混合後，會變成與原本樣貌不一樣，以及需把半成品放在烤箱內加熱。

文化和傳統習俗

不同文化會有不同的煮食方式，麵包就是一個好的例子。

金美倫堂幼兒園會教導兒童烹調傳統的蘇格蘭食物，例如，客路提布丁（蘇格蘭甜糕）、脆餅、湯、sair heidies、羊雜、馬鈴薯泥和白蘿蔔泥。他們在一月的彭斯晚宴（蘇格蘭的傳統節日）會煮肉餡羊肚。

創造力、美學和表達能力的發展

烹飪可以啟發創造力，兒童能夠透過選擇、決定來表達自己，例如，自己決定餅乾的形狀或餡餅的裝飾品。

身體動作與讀寫能力

121　　烹飪跟身體動作有關。當兒童攪拌、切割、混和、將碗和湯匙固定，或使用桿麵棍時，這些動作都能幫助兒童發展其協調能力。烹調亦是增進讀寫能力的一種很有用的方法，兒童喜歡「閱讀」食譜和理解其說明。他們喜歡把自己喜愛的食譜集合成一本書，並且把這本書帶回家，然後跟家人或照顧者一起依照食譜來做菜。

　　然而，這種學習只會在兒童能運用自己感官和動作回饋的時候出現。

合理飲食：小寶寶食品方案

　　「從我們誕生的那一刻起，就有人一直為餵養我們的食物和方式而憂心。」

　　這句話摘自綠色小屋幼兒園的「小寶寶食品方案」的資源套件。

　　本方案認為幼兒時期的飲食習慣對成人後的健康有重大影響，因此在幼兒階段展開正確的飲食習慣可預防日後因健康問題而致病。最新研究表示，肥胖和糖尿病等上升的患病率實在令人擔憂，這種所謂的「文明病」，從前只會影響成人，現在已經逐漸發生在兒童身上。

　　由於以上種種原因，增加了健康飲食相關的訴求，促成需要幫助和指導的家長聚集起來，參加綠色小屋烹飪組，並發展成「小寶寶食品方案」。（McKechnie and Jessop, 2002: 5）

地區的衛生隨訪員與社區牙齒保健員共同合作

　　Jessop 與本地的衛生隨訪員和社區牙齒保健員一起工作，大家都是為小寶寶食品方案付出努力和貢獻的成員。方案的目的如下：

- 鼓勵均衡飲食。
- 學習如何幫助家長增進基本飲食知識，使他們能為家庭做出正確的
  選擇。
- 講述家長可能遇到的飲食、健康，及其子女身心健康的問題。
- 學會如何幫家長增加自信和促進家庭凝聚力。
- 建立正確的育兒生活技能和知識。

122

均衡的健康飲食

選擇組員

會議的議題根據成員要求而定，主要議題有以下幾項：

- 懷孕時的飲食。
- 餵母乳或用奶瓶餵奶。
- 斷奶。

- 學步兒。
- 家庭進餐時間。
- 家庭營養。
- 牙齒健康。
- 實際操作技巧（包括成人和兒童一起煮食）。

由成員決定他們想開討論會、體驗課、實際烹飪課，還是看錄影帶。成員當中有準備懷孕的婦女、懷孕中的女人、初為人父母的、已有學步兒的父母、已有三歲以下幼兒的父母或照顧者。「我們認為有正確的理念是這方案的最成功之處，此方案採用多學科模式，以社區為本，與家長合作。」（McKechnie and Jessop, 2002: 15）。

123 點心和飲品

小組會專注於與點心有關的議題，並且討論如何從糖果和巧克力中任擇其一。

小組亦會專注於飲品方面，資源套件包有助小組討論，比如說水，水的主要陳述是什麼？水是：

- 便宜。
- 免費提供。
- 我們的身體需要水來維持身體健康。

水有助於：

- 補充流失的水分。
- 我們的身體消化食物。
- 我們的身體利用從食物攝取到的營養物。
- 我們的身體維持恆溫。

<table>
<tr><td>

降低脂肪的脆片
鹹味餅乾和起司
薄脆餅乾
麵包條
蘋果

</td><td>

草莓
起司條
貝比貝爾小包裝的乾酪
起司方塊
麻糬
比德麵包（土耳其麵包）

</td></tr>
<tr><td>

橙／蜜柑／薩摩蜜橙／
克萊門氏小柑橘
香蕉
奇異果
葡萄
油桃／桃子

</td><td>

蘇格蘭煎餅
烤餅
純爆米花
生紅蘿蔔條
生荷蘭豆
水（純水和礦泉水）

</td></tr>
</table>

代替糖果和巧克力

兩位出席「小寶寶食品方案」的母親

124

蘇茜

「我是用奶瓶餵我的第一個孩子，之後我嘗試餵老二母乳，餵了三天後，我打算停止餵母乳，改用奶瓶餵他，因為我的乳房真的很痛。但我一直想著餵母乳對孩子的好處，所以我還是繼續用母乳餵他。」

「我注意到詹姆斯小時候肺部常感染、腸胃不適，並患有濕疹，凱爾看起來就健康多了。」

「餵母乳最不好的地方，就是在購物時沒有地方能讓我餵他，當我要

餵他的時候，我嘗試擠出母乳，但實在是很困難，嘗試了很久，但只有很少量的母乳。在朋友或在自己家裡，這情況就好多了，我可以在另一個房裡餵母乳，我從未在其他人面前餵母乳，因為感覺很不舒服。」

琳賽

「餵母乳的第一點是：『不要太快放棄，不要聽恐怖故事』，當然，這不是對所有人都有用，但是你沒有試過的話，你不會明白。餵母乳在開始時是很困難的，但當你掌握竅門後，情況將會好轉——當你看到自己的兒童成長時，你便會感到更多滿足感。」

「餵母乳對嬰兒是最好的，所以，我認識餵母乳的人，都認同餵母乳是最快和最簡單的方法。」

「當很多親人和朋友到訪時，你也要抽一點時間和新生嬰兒一起，不用覺得自己無禮，你需要做的，就是和嬰兒一起，並餵奶給他。」

「你可以與丈夫一起分擔工作，讓他幫忙處理家中的其他事務，你需要做的就是坐下餵奶，如此你就可以翹起雙腿什麼都不用做。」

本地的郊遊活動

伯菲米爾（現為卡素衛爾）小學幼兒班內有一組幼兒參觀過本地的建築舊址，當兒童有能力參與主動學習時，他們在參觀過後會一直討論，這是很有效的學習經驗。

125   保羅會談論他的挖土機，並且從書中找出這機器的使用方法。保羅想把在建築舊址中看到的機器畫下來，但最初他並不知道機器的名字，後來在成人的幫助下，他學了新的詞彙，現在他學到「機器」這個詞了。老師伊莉莎白・夏普指出：「保羅喜歡那個本地建築舊址及舊址裡的機器，參觀過程中，他表現出對那些事物的興趣，而且他曾多次在戲劇裡重演那次參觀活動的經過。」保羅把他喜愛的本地建築舊址及舊址裡的機器畫下來。

保羅談論他的挖土機和查閱本書以了解其運作方式

保羅喜愛本地的建築及其機器。他畫了一幅畫。

126 真實參觀的記憶

利用非虛構的書

　　保羅積極地找出有關挖土機的書，那本書是教職員展示出來用以幫助兒童們回憶參觀建築工地的活動。他喜歡談論挖土機，而「挖土機」這個詞也成了他「詞庫」的一部分。

　　他在書上得知機器如何運作，於是他利用砌合式的機件工地玩具機件製作建築工地，並且把成品鈎在顏料手推車的一邊。他問：「我能夠建自己的房屋嗎？」又問：「如果我把水泥灌在這裡會發生什麼事？」

用木塊

　　他利用中空的木塊製造一幢高建築物，從頂部能看到裡面，他用一塊木頭蓋在頂部。他把另一中空的木塊當成照相機。後來又坐在這「建築物」的後面，戴著他的建築師帽子，說他正在停車。

真實經驗不能被取代

　　不能過度強調直接經驗的重要性，要利用能發展真正學習的各種可能方法。真實經驗如參觀建築舊址，會成為大腦記憶的一部分，在稍後的學習中會再次用到。由於這需要一年或甚至兩年時間把記憶嵌進大腦裡，因此，讓記憶的路徑保持開放狀態是很重要的。戲劇則有助於實現這過程，因為兒童演戲時會喚起記憶。

創造戲劇場景

保羅有很多機會玩木塊和砌合式的機件工地玩具、看書，以及與成人和其他曾參觀舊址的兒童交談，他的學習會因此持續發展。學習是透過感官和動作的直接經驗創造出穩固的基礎，這基礎透過戲劇形式展開學習，並可以更深切地讓他明白機件的運轉工作原理及其影響。

以廣闊和加深方式進行拓展學習：

- 透過感官和動作。
- 透過象徵行為（假裝、想像的戲劇、繪畫等）。
- 透過整理因果關係。

127

不論室外或室內，主動學習無處不在

在本章內，我們曾討論在室內和室外的主動學習，也介紹了影響兒童學習的真實和直接經驗，這些經驗使學習有更深層的發展，且隨著時間發展成更抽象、複雜的形式。豐富的學習不能倉促進行，拓展學習的意思是透過感官和動作，讓兒童了解到何謂時間、空間，及明白事物的原由。沒有這些經驗，兒童便不能把事情合理化；還有，除非他們主動把事情合理化，否則他們學不到知識。

這種方式對所有兒童都適用，同時也特別適合有多重阻礙的兒童。我們看過Nielsen（1992）如何給有身體需要和多重障礙的兒童做親身經歷的感官實驗。利用光柱和板子營造出一個只適合一位兒童的「小房間」（pp. 33-4）。在「小房間」裡，兒童的上方有柱子，研究人員會鼓勵兒童觸摸掛在柱子上的鈴鐺；另一位兒童可能會觸摸和敲「小房間」的側邊，或者觸摸正在搖擺的物件。

透過感官使學習合理化

　　大部分兒童可透過感官自然地學習。在嬰兒時期，他們被放在嬰兒床或嬰兒車，就像身處在「小房間」裡。

　　僅僅提供黏土、沙、水、植物、膠水和舊材料、痕跡創作的機會、木塊、建築物、家中的角落、拼圖、攀爬、開放空間、園藝、書的一角、電腦、麵團、烹調、裁縫、木工藝、互動的趣味桌子以及展覽、七巧板、小世界、裝扮等是不足夠的。

　　利用感官和動作回饋並不會令學習程度自動提高。拓展學習依靠兒童運用其感覺把事情合理化。實在地說，兒童的學習一定要「合理」。

　　透過提供豐富的經驗，讓兒童運用其感官和動作把事情合理化，成人能幫助兒童自然地向前走。然後，兒童透過自己的感受、興趣、聆聽他人，及與他人交談，從而發展他們的智力生活。這些都是透過象徵行為擴展到較深層的學習。兒童開始明白空間性和短暫性的關係，以及知道事情為什麼會發生和人們為什麼有這樣的行為。這一切形成了各個學習層面涉及的概念、想法和關係。

128

 實際應用

- 你會覺得沒有足夠空間可放置每天使用的油漆、黏土、沙、水、木製積木、木工、縫紉、娃娃角、小型的木製積木世界、圖書角、美勞區和工作區、拼圖、點心吧台、烹飪、電腦等？如果是這樣，就盡可能清出更多桌椅和櫥櫃以騰出空間。
- 每位兒童的掛鉤附近都放置一個箱子以取代桌子或是椅子。
- 你每天都會盡可能讓兒童到戶外活動嗎？如果你擔心兒童在戶外學不到東西，這可能意味著你所提供的資源貧乏。

● 在每天基本學習時間內,你都會藉著提供雙重管道以增加學習條件嗎?例如,在適合的時機,你會讓不同桌的兒童以特殊方法混合顏料嗎?透過這種方式,無論是室內和室外,你都能夠為不同學習領域的需求做好準備。

延伸閱讀

Bilton, H. (1998) *Outdoor Play in the Early Years: Management and Innovation.* London: David Fulton.

Edgington, M. (2002) *The Great Outdoors: Developing Children's Learning through Outdoor Learning Experiences.* London: Early Education.

Gura, P. (1996) *Resources for Early Learning: Children, Adults and Stuff.* London: Paul Chapman Publishing.

Harding, S. (2001) 'What's Happening with the Bikes?' *Early Childhood Practice: The Journal for Multi-Professional Partnerships* 3(2): 24-42.

Ouvry, M. (2000) *Exercising Muscles and Minds.* London: National Early Years Network.

Ratey, J. (2001) *A User's Guide to the Brain.* London: Little, Brown.

Video: 'Outdoor Play' (Auckland College of Education, Hilary Commission, Auckland Kindergarten Association, ASB Charitable Trust). Available from Private Bag, Symonds St, Auckland, New Zealand.

Chapter 8

遊戲價值的理論基礎

主旨

　　遊戲是一個傘形結構的詞彙（Bruce, 1991），所以很難準確解釋其意思。自古以來，思想家們無不著迷於觀察幼兒進行遊戲；其中，Froebel 是第一位提出兒童能從遊戲中學習，並且提倡以遊戲作為幼兒教育主要方式的人。

　　不少理論都強調兒童能以遊戲展開學習，並且認為遊戲能開拓兒童的想法和思維。另一方面，也有其他理論聚焦於遊戲對兒童情感發展的作用，認為兒童能透過遊戲嘗試和處理自己的情感，透過自我修復以處理情感。這些理論都有助再進一步深入解讀遊戲如何幫助兒童理解他人，以及明白與人相處之道。此外，我們不應低估遊戲的威力，由於遊戲有助兒童協調身體，且與兒童自尊和身心發展有密切關係。事實上，自由活動（遊戲方式）可以讓人一生受惠。

　　幼教專業人員正不斷尋找確實可行的途徑，支持和擴展遊戲讓兒童成長和學習的理念。事實上，確實有不同理論提出了不同角度的觀點以支持遊戲有益的理念。

雖然，表面上人們都很認同遊戲對開拓幼兒學習方面的價值，但是，人們普遍都對開拓幼兒學習的遊戲方法感到模糊和困惑。因此，本章內將設法解釋遊戲的概念，使遊戲能在兒童及家庭教育工作中有效地開展。

> 在日常對話中，對於一般熟悉的詞彙，我們不會拘泥地要求準確的定義。但是，對於研究課題而言，我們必須將常遇到的熟悉概念，如侵略行為、智慧或個性等詞彙，做出清晰界定和詳細描述，讓參與研究的相關人員能清楚明白當中談論的共同問題，況且遊戲又是一特別富爭議性的概念。（Garvey, 1977: 10）

130　　在幼教專業人員的工作中，遊戲也許是最難以理解的概念。在本章內，我們將會探討這個複雜且概念深奧的重要概念，也會討論遊戲對開拓學習的貢獻；同時，亦會論述遊戲可以培育兒童成長的相關核心價值，對於所有前線幼教專業人員和家長來說，有技巧地運用遊戲培育兒童成長的確是一項挑戰。

研究（Siraj-Blatchford et al., 2002: 115）指出，幼兒園和學前教育中心所提供的遊戲應該都是最豐富的；很多幼兒機構的負責人和教師們都曾接受高水準的專業培訓，因此對兒童成長有深入了解，知道幼兒如何成長和學習。研究發現，遊戲經常是由幼教專業人員構思，且只是玩一些「想像力遊戲」。「遊戲雖是促進學習的要素，但很多幼教專業人員對遊戲仍舊存在狹隘的想法，所以只連繫到某些課程領域。根據 Wood 和 Attfield（1996）的說法，儘管學者們（Bruce, 1991; Moyles, 1989）不斷證實遊戲的意義和價值，但遊戲在課程中卻一直沒有明確地位。」（Siraj-Blatchford et al., 2002: 115）。

遊戲概念的先驅者

Plato，西元前 428-347 年

Plato 想幫助兒童參與高文化的活動，保護他們免受「不文明的影響」（Egan, 1997: 12）。

重要的文化觀點：知識的形式世界

Plato 認為，人的心靈思考對重要文化存有直觀理解，他稱之為最高的「知識的形式世界」，這是他針對文化提出的重要概念（知識的形式世界）——在不斷變化的世界裡是永恆不變的。他認為，教育能實踐這最高形式的知識，而這些知識就是文化的中心。

遊戲造就幼兒易於接近知識的形式世界

一些教育者仍然堅持對高文化來進行柏拉圖式的追求，硬要學校將學習與現實生活分離。然而，研究證據（Siraj-Blatchford et al., 2002）卻支持大多數幼兒教育者的觀點，認為生活中的遊戲可幫助兒童接觸高文化。

例如，透過「好人」和「壞人」的角色（Holland, 2003），引導兒童初步理解希臘以至莎士比亞文學和戲劇中歷史悠久的善惡之爭，此類遊戲需要成人的敏銳度才可以支援兒童延展下去。

Immanuel Kant, 1724-1804

Immanuel Kant 大概是自 Plato 以來秉持最為具體的全人主張的人（Magee, 1987: 187）。

131

觀念，是我們的世界之窗

Kant認為，觀念是我們理解世界的窗口，每個人都有不同經驗，感官和動作回饋都會影響我們對事物的看法，亦即觀念。Kant相信，這些共同觀念（想法）讓我們可以分享、對話、交流想法、感覺，和發展彼此關係，此等形成了統一效應。根據Collinson（1988: 90）的說法，Kant辯駁：「知識是建立在主觀體驗上，體驗是指由外部世界的實體刺激影響人的感官……遵此途徑，主觀的感官體驗可以轉化為客觀的知識概念。」

Kant 對 Froebel 的影響

雖然Kant沒有提及遊戲，但他的思想影響了Friedrich Froebel。Froebel是一位教育先驅者，他認為，遊戲是讓兒童組織其學習經驗成一個整體的重要途徑。

Friedrich Froebel, 1782-1852

在遊戲理論還未確立之前（心理學已出現），幼教專業人員主要得到哲學家的支持——主張遊戲是重要的。Kant的研究起源自其大學時期的數學知識，而Froebel所提出的學校和學習社區的遊戲觀念，主要是受到Kant的影響。

132

以遊戲開拓學習

過去實施的幼兒教育百年間，幼教專業人員已將「遊戲是幼兒學習重心」這個概念一代一代地傳下來。

現代幼兒教育理念形成過程中，未有任何遊戲理論之前，Froebel的工作是努力創建遊戲的價值和意義，並闡揚遊戲具組織和統整學習的功能，能幫助兒童理解正在發展的想法、感受和軀體之間的關係。

以遊戲幫助學習發展達到協調完整

Froebel以自身的哲學思想為理論基礎，提出遊戲是兒童統整與總結知識、理解和感覺成一整體的方法，他相信，遊戲可展示兒童實踐和理解事物這種最高能力水平。遊戲亦能幫助年齡較小的幼兒靈活、變通地思考，並且讓幼兒嘗試用不同方法達到抽象思考的水平。

Froebel 與 Vygotsky

雖然 Vygotsky 不太熟悉 Froebel 的著作，但是，Vygotsky 的觀點與 Froebel 早期提出的某些主張不謀而合。Froebel 表明遊戲是最高水平的學習，故此遊戲是兒童最富靈性的活動。他認為，兒童在遊戲中逐步理解自己、他人和宇宙，而且遊戲過程是非常具組織性的。

近百年的遊戲理論只能概括地論述遊戲的重要價值，而不能提供具體的例證；提出這些理論的人只是根據理解人類行為和發展去建構理論框架，並以此做出推論。

不同理論皆有助於我們繼續探索和統合證據，說明有關遊戲對開拓學習的價值。

遊戲的理論基礎

133

本節的主要內容是探析遊戲作為幼兒學習重心的相關理論，且聚焦在 Froebel 之後出現的論說。

早期多個具影響力的遊戲理論都認為，工作和遊戲是相互分離且處於對立的位置，這兩極分化的對抗性衝擊仍潛藏至今。雖然 Susan Isaacs 在 1930 年代曾嘗試挽救此兩極分化的狀況，提議遊戲就是兒童的工作，但仍有人提出強制分化的局限性觀點。區分遊戲與工作屬性的兩個主要理論如下。

遊戲鬆弛說

遊戲會消耗大量的精力和專注力，所以並不是休閒和放鬆。當兒童沉醉於豐富的自由活動後，他離開時反而會感到精力耗盡，反而更需要休閒和放鬆的機會；因此，「鬆弛說」的觀點只可說明低水平的遊戲意義。

遊戲精力過剩說

這是另一具抗衡性的遊戲理論，是在歷史和文化背景下，受特別事件影響而產生的理論。此理論由 Herbert Spencer（1882-1903）提出，成立於工業革命期間，那時正值教育法（1872）公布強制學校實施義務教育。

此理論認為兒童就如工業機械般，需要釋放多餘的精力，故此，要讓兒童在課間到遊樂場釋放精力。在這學說裡，兒童被視為機械中的齒輪，或如同在工廠裡工作的人，而亂作一團的遊戲和熱烈的追逐遊戲則被定位為最低層次的遊戲，且此類遊戲的作用只是防止那些壓在瓶裡快爆發的精力而已。

學校的遊樂場至今仍然受此理論影響，可是幼兒園從來都不同意此理論，且認為戶外環境是重要的學習區。幼兒園一般是應用遊戲理論，以支持在家和分組模式的開拓學習（Brehony, 2000），而且認定工作和遊戲兩者是統整而非對立的。

134 其他理論

於 1920 年代期間，隨著心理學等新學科的出現，未面世的新遊戲理論也已成形。Stanley Hall（1884-1924）認為，兒童在遊戲期間是與人類的歷史共事，遊戲中他們會獵食和聚集，也會當勇士、部落建設者、農夫、維修工人、幼兒照顧者和手工藝製作者，也會是游牧民、執法者、懲罰者和審判員；他們會按人類發展的正確順序而演繹各種角色。Egan（1997: 27）認為自己也受 Spencer 影響，並引述道：「若人類能有組織地駕馭種類雜

多的知識，那麼每位兒童也會有潛能獲得具組織性的智慧。」（Spencer, 1861: 76）。

在 1930 年代初，已出現了較精練的遊戲理論，這對於進行分組教學模式的幼教專業人員來說，的確是巨大的衝擊。

遊戲生活預備說

Karl Groos

1920 年代，Groos 建立的理論指出，兒童準備自己的成人生活是一件很自然的事，而兒童主要是透過身體和社交遊戲預演成人生活的事件和方式。

Johan Huizinga

Huizinga（1949）對 Karl Groos 的理論做更進一步的詮釋。他以「遊戲的人」（homo ludens）理論辯稱文明的現象，即遊戲是持續進入成人階段的印記，這促使人們不斷磨練智慧，充分運作身體，使自己變得更靈活、更會變通。

Jerome Bruner

Bruner（1983: 43）認為，遊戲是「為構成人類文化而進行的社會生活和技術性的準備」。在 1960 年代，Bruner 的理論產生廣泛的影響，他提出哺乳類動物的兒童階段較長的原因，是因為要準備很多成人生活的內容，所以需要較長的學習時間。他質疑自由活動的效率，強調應以歌曲、律動和躲貓貓等規則的遊戲取代自由活動。

這取向的遊戲類別分別有引導遊戲、結構遊戲、遊戲指導或學習遊戲方法等，但是，這取向導致兒童的遊戲會受成人所支配。而這取向的遊戲類別主要強調 Egan（1997: 11）所指的兒童「均一化」（homogenisation）

135

的論點；遊戲方法則要求敦促順從和同質社會化的影響，造成幼兒教育模式不可避免地促成學校教育的事實。Egan（1997: 12）指出，追求這取向的遊戲方式，以及過分要求順從的遊戲方式，都會漸漸變成極權主義。

成人支配的任務不是遊戲

不幸的是，小學授課時間內進行的分組活動，兒童所玩的遊戲都是不連貫的，而且大部分是被命令去做到成人想要的成果，所以這並不算是遊戲，而是兒童被引導去執行成人指定的任務而已。然而，這種活動方式有其屬性，是直接教學法中的重要部分。不管如何，教兒童使用木工工具、烹飪、混色彩繪，向兒童演示不會壓碎甲蟲的探究方式，讀書給他們聽或是示範畫線等，都不是遊戲，但卻是兒童學習的重要內容。

遊戲重過程輕結果

「自由流暢的遊戲」（Bruce, 1991）會提供一個完全不同的方式，淨化和啟發人的想法、感受、關係和理解人體。

這真正的意義在於鼓勵兒童透過遊戲意會成人世界，但並不是勸導兒童順從成人的文化。Kalliala（2002: 32）舉了湯米的例子：老師要湯米寫一篇與比賽有關的文章，但老師不喜歡他所寫的東西，讓他感到很失望，原因是他常常描述有關拉力賽車的事，而老師很反對他寫這類題材的文章。而米加則是擬造與冰上曲棍球世界錦標賽有關的遊戲情境，他用地墊當作溜冰場，並加入了火炬點火儀式，還有唱開幕歌和介紹球員進場（冰上曲棍球遊戲卡內的球員）。

在這兩個例子中，湯米的遭遇是被灌輸著成人的文化，而米加則是透過遊戲意會成人的文化。

136　愉快遊戲

這遊戲理論於 1930 年代由 Charlotte Buhler 所建立，認為獲得身體動

作的愉悅感是遊戲的重心，並且著重融和健康與美感的動作；其中歐美兒童在暑期時參與的戶外野營活動，就是其衍生活動之一。理論強調凡是動作過程中獲得愉快的感覺，會不自覺地激發身體和精神的學習。這種遊戲被視為兒童成長中無目的活動過程，卻是一種源於天性的遊戲學習過程。

遊戲與感覺的相關理論

另一項讓人遺憾的事是，有些理論會劃分人類發展心理學的相關理論，但卻只強調感受的重要性。Piaget（1952）的著作則會聯繫兒童思考和想法，由於他認同 Sigmund Freud 對情感方面備受尊重的開創性研究工作成果，所以他的研究也從未脫離情感和智力相關的課題，他提出了人類各方面的發展有不同重點。

> 這永不只是單純的智力行動，與許多情感、興趣、價值、和諧的感覺等等互動干預，例如，數學解題過程並不只是一種單純的情感舉動（即並不只是純粹喜愛推測理解而已）。無論何時何地，事情都涉及物件關聯行為與人際行為兩要素，或是以其一面推測另一面。因此，對人較感興趣的人會造出較多感情用事的問題，而對事或抽象概念較感興趣的人則可能會創造更多枯燥無味的問題，但它純粹只是一項不同行為和不同情感的問題，而事實上，每一問題的本身必然同時要應用到智力和感情。（Piaget, 1964: 34）

起源自 Freud 的著作和 Piaget 理論這兩個心理動力學理論，建立了平衡的概念。Freud 認為平衡是一個固定狀況〔穩態（homeostasis）〕，而Piaget 所提出的平衡作用〔平衡（equilibration）〕則像騎自行車那樣。在這兩個理論中，說明遊戲的優勢在於能讓兒童保持恰當的平衡。

Anna Freud, 1895-1982

有趣的是，Anna Freud 是位傑出的教師，同時亦是一位精神病研究人員（Coles, 1992），不過，她的觀點受到同行 Melanie Klein 的批評（Kohan, 1986: 38-40; Bell, 1999: 11）。由於 Freud 是首位提出兒童是完整的人，提出只要遊戲的環境環繞著愛、教養、鼓勵和幫助，那麼兒童即使經歷精神創傷，也可利用他們天生的自然修護力復原。

> Anna Freud 認為，相對於在診所進行入侵式和具攻擊性的探查工作，被尊重的觀察效果會更好；此外，決定被觀察對象的觀念，也是 Anna 與同行 Melanie Klein 之間很出名的爭辯論點。Melanie 是（Sigmund）Freud 非常忠心的支持者，她支持 Freud 早期探討有關大膽和英勇估量的無意識問題。Melanie 相信兒童精神病醫師能了解那些還未能說話的幼兒，也能傾聽和迅速分析幼兒的親密行為，這並非分析員與患者長大後的分析方法……對於其他追隨 Klein 女士所用的推測和估計的論證方式來說，Freud 女士傾向認為最好還是謹慎進行尊重的觀察工作……（Coles, 1992: 121）

遊戲可以治療情感傷痛及引導兒童向前看

Anna Freud 相信遊戲能洗滌兒童心靈。在遊戲中，兒童能夠動起來，游走於現實和超現實世界之間。兒童在遊戲過程中，能夠發揮超越自己生活的控制力，能夠嘗試面對自己的感受；因此，他們能更好地處理自己的情緒。另外，遊戲還能幫助兒童體驗愉悅，以及幫助他們展望未來，並且勇於面對人生的矛盾和悲傷。此外，遊戲不單可幫助兒童理解自己的經驗，亦能促使兒童成為全人。

Vivian Gussin Paley 的著作內引出 Anna Freud 取向的現代版本，說明兒童如何在遊戲中由驚懼到控制畏懼的經歷：

「救我！救我！」賓尼尖叫著。「我被摧毀了！那位皇帝！那位幽冥世界的壞皇帝！他命令我來抓住你。現在，我也被栓住了。我整個人被膠黏住了。」

「不要擔心，賓尼蝙蝠，我會救你的，現在，我用臉融化那些膠。那邊！現在你可以自己擺脫了。」

「哎呀！感謝，弗雷德里克，你救了我，我差一點就要死了，現在我能夠完整地生存下去了。」（Gussin Paley, 1986: 118）

Melanie Klein, 1882-1960

如上文所提及，Melanie Klein 所抱持的正是另一種觀點，她相信即使年紀幼小的兒童亦能夠接受精神分析治療，她認為兒童沒有必要一定要等到口腔期（oral stage）（出生至二歲）和肛門期（anal stages）（二至四歲）之後的性器期（oedipal stage）（四至六歲），才能接受精神分析治療。她不同意 Anna Freud 所警惕的問題，因而創設「自信和暗示式的詢問」技巧（Coles, 1992: 121）以應付問題，此概念亦影響了當時英國的精神分析學。同時，Melanie 駁回 Anna Freud 的問題，具體有以下三點：

138

- 非專業人員很難面對幾乎不能說話的兒童以進行精神分析的工作。
- 非專業人員如何能夠向家長重演兒童的特殊狀況，特別向家長回報那些剛剛萌發卻會持續的情況？
- 非專業人員很難分析兒童遊戲與玩具或圖畫的類同關係；另一方面，也很難執行如「自由聯想」，諸如此類接受精神分析療法的成人患者（接受分析的人）的受助技巧？（Coles, 1992: 121-2）

Erik Erikson, 1902-1994

Erik Erikson 是 Anna Freud 的學生，他相信兒童透過遊戲可成為自己將來的伙伴。他請兒童根據想像的影片片段去構想劇情，過程中，他對兒童創作遊戲劇本的方式很感興趣，他認為兒童彷彿透過這種創作過程暗示他們會為自己的未來而努力，亦即是「內心深處會與個人生命力聯繫」（Erikson, 1963: 95）。兒童所創作的劇情會反映出他們的興趣和恐懼、力量和難題。他調查兒童長大成人後的情況，發現其長大後的生活習慣會受兒時遊戲所影響（Erikson, 1963）。

Erikson 建立的發展八階段論，每一階段都有危機（Maier, 1978: 132; Bruce and Meggitt, 2002）。第一階段是信任與不信任的危機；第二階段是自發出現（或不出現）的遊戲階段。兒童透過遊戲可以進一步發展，有力量去面對失望和失敗，並且有力量去面對生命的複雜狀況和意圖。

Erikson 的觀點指出，兒童在自由活動中（Bruce, 1991）經創造情境模式而獲取經驗，當中兒童可能控制、計畫，以及嘗試體驗自己創造的情境。他表明兒童「重新體驗他們的過去，且因重新體驗而留下情感；由此，他可以正確地利用過去經驗來預測將來。」（Erikson, 1963: 222）。

139 ## Donald Winnicott, 1896-1971

Winnicott 透過自己命名的過渡性客體，拓展對遊戲的理解；認為當影響兒童情緒的重要人物不在時，客體便能作為過渡性物品；過渡性客體亦能幫助兒童享受當下歡喜的時刻，也可以很快地聯繫成兒童喜歡的人。「為了增設空間進行遊戲，我假設一位母親（照顧者）與嬰兒之間的潛在空間（potential space）。潛在空間會根據嬰兒與母親或母親形象之間的生命經驗而產生很大的變化，而且我會對比潛在空間(a)與內心世界……和(b)與真實情況，或形式上與真實情況之間的差異。」（Winnicott, 1971: 47-8）。

過渡客體與遊戲

過渡客體有兩個作用：其一是與兒童喜愛的人進行自然和健康的聯繫，以支持兒童早期的想像遊戲。其二是兒童對生活想像的遊戲，如玩具熊代表爸爸不在，爸爸下班後，會回來與他一起進餐、睡覺和冒險。

賈森是一位夏天出生的孩子，秋季時入讀一個非常正規的小班，在班上，老師每天會教授兩小時的讀寫和算寫。一週後，他開始哭訴他不想上學，他覺得太難了；他母親與班主任溝通，起初班主任不願意讓賈森帶自己的玩具熊到學校，後來，在賈森帶玩具熊上學的第一天，他母親問他在學校的情況有沒有改善時，他說有，因為流淚時可以用玩具熊的耳朵擦去淚水，而且玩具熊會跟他低聲說：「沒關係，你很快就會回家了。」

當他離家時，可以從過渡客體上找到安慰，找到母親給予的那種撫慰。這時期的賈森還未適應那種強加在他身上的規範，又沒有玩具熊可以幫忙應付超過他預期的情況。遊戲與處理快樂、困難和悲傷的感受有關；他可以帶玩具熊進入想像遊戲，以減輕不快樂的感受。

客體的過渡

140

有幾種不同的過渡客體，他們不是用來取代想像遊戲，或是代表某人的缺席，又或是用以增添喜愛人物陪伴時的愉悅感。不是所有兒童都需要或擁有過渡客體或虛構朋友。客體的過渡（Bruce, 2001b: 77）情況各有不同，客體可簡單地用以減輕從家裡到小組或托兒所的過渡問題，幫助兒童安然回到家裡。

相對於 Melanie Klein 的觀點而言，Winnicott 與 Erikson 的觀點較相似，都是較傾向於認同 Anna Freud 所抱持的見解。

遊戲相關的認知理論

　　本章所論述的理論與處理感受相關的理論不盡相同，在此，討論內容主要是圍繞兒童遊戲和成人創造力有緊密關係的相關理論，即是與兒童的想像方式有關，如何從假裝遊戲展開成為戲劇、舞蹈或音樂即興創作、藝術的即興表演，或合乎科學的問題解決和假設。

　　相關理論會集中探討兒童如何發展自己的思考和想法，將遊戲視為兒童發展階段的基礎活動，在兒童期的中期，遊戲則會變成其中一種規則性活動。

Jean Piaget, 1896-1980

遊戲可統整學習

　　Piaget（1951）強調幼兒遊戲可以轉化為規則性遊戲，他同意 Anna Freud、Klein、Erikson 和 Winnicott 認同的觀點，兒童階段的遊戲能統整想法、感受、關係，以及身體動作。

遊戲有助於平衡學習

　　Piaget 認同遊戲相關的心理動力理論，他認為平衡是重心；而且，遊戲能幫助兒童全面均衡地發展。根據 Piaget 的說法，平衡指的是將會接近穩定的狀態，而非達到穩定的狀態。在此，自由活動可以說是過程，而不是穩定狀態。Piaget 所稱之平衡的過程，有適應和同化二方面。適應是與適應環境變化有關，而同化則與加上早已熟悉的知識有關。遊戲主要是與適應有關，亦即是應用已有知識。

141

三種遊戲

Piaget 認為，兒童會順序地發展以下三種形式的遊戲：

- 第一種是感覺動作遊戲，與感官和動作有關，主要出現在嬰兒和學步兒時期的遊戲。
- 之後，第二種是幼兒階段的假裝和想像遊戲。
- 最後，第三種是規則遊戲，是指在兒童中期出現，包含運動和有規則限制的遊戲；此種遊戲與人和物有連結關係。

從幼兒階段的遊戲到規則遊戲

Piaget 認為，幼兒階段的遊戲到規則遊戲是直線發展，可以理解在兒童中期、青少年和成人生活中的戲劇、文學作品、舞蹈創作、音樂作品、創意寫作、繪畫、科學研究，或講究精確答案的實驗等，皆可以是源於自由活動延伸發展而來。雖然 Piaget 提出的遊戲和規則性遊戲在學習系統中屬於兩種不同的面向，卻可以互惠互利，並具互補作用。

遊戲在開拓幼兒學習過程中地位崇高

自 1960 年代起，Piaget 的理論主要衝擊著幼兒教育，他強調遊戲應作為幼兒階段的重要學習方式（雖然他認為，遊戲將會在兒童中期的往後階段漸漸消失）。

Lev Vygotsky, 1896-1934

透過社交關係的學習

在 1990 年代，Vygotsky 的遊戲理論尚未被進一步探討；他認為兒童能透過人際社交關係（特別是與成人的）融入其文化，並且學會重要的知識。　　*142*

遊戲可創造近側發展區

Vygotsky 認為，遊戲可創造潛在的近側發展區，兒童在遊戲中可以提升個體機能，且運作到最高水平，以超越其現有的能力水平，因此，可以使原有的能力更上一層樓；成人或技能較高的兒童兩者都能在過程中給予助力，幫助促進。Vygotsky（1978: 101）研究遊戲為：「發展中的領航因素」，這促使遊戲成為「學前發展的最高水平；兒童因遊戲活動而獲得本質上的推進」（Vygotsky, 1978: 102-3）。

強調想像遊戲

在 Vygotsky 的理論中，遊戲即是想像遊戲。「為了與其他形式活動做區分，建立了兒童遊戲的準則；經總結得知，兒童在遊戲中會創作想像情境。」（Vygotsky, 1978: 95）。

由於 Vygotsky 對遊戲的定義所採的觀點屬性狹隘，因此他有這樣的陳述：「具想像情境的遊戲實質上不可能在三歲以前發生，它可以說是一種異常的行為形式，讓兒童從約束中釋放出來。」（Vygotsky, 1978: 96）。

Vygotsky 將遊戲視為兒童從現實約束中解放自己的方式。「兒童看到的某樣物體，在關係中卻呈現不同面貌；因此，兒童會開始依其所察覺到的細節獨自仿傚，務求達到此狀況。」他補充說明「對兒童來說，以同一物體區別想法（字詞的意思）是極其困難的。」（Vygotsky, 1978: 97）。

強調遊戲與語言的關係

由於幼兒很難區分自己所表達的字詞意思，想像遊戲的發展則可與語言發展聯繫。

遊戲變成規則遊戲

Vygotsky 同意 Piaget 提出的觀點，認為想像遊戲可變成規則性遊戲。

「想像出來的情境具有行為規則，因此，每個規則性遊戲都包含想像出來的情境。」（Vygotsky, 1978: 95）。Vygotsky 亦同意兒童階段的遊戲會漸漸轉變，並進入兒童中期的運動和規則性遊戲。無論如何，Piaget 對遊戲有更廣義的觀點，且有很多已納入大腦早期發展的現代研究項目中，由此而提議遊戲應涉及感官和動作，同時亦應發展想像和規則行為。

　　本章曾提及有關遊戲的其他理論，有的學者相信遊戲在出生至死亡都可能存在；Vygotsky 卻不同意此一說法，他認為遊戲只會在三歲至兒童中期出現。但是，即使想像是一個重要特點，然而，遊戲卻不單純是想像而已（Moyles, 1989; Bruce, 1991, 2001a; Wood and Attfield, 1996; Siraj-Blatchford et al., 2002）。

　　雖然 Piaget 和 Vygotsky 皆認為人和物體是遊戲的重心，相對於 Piaget 的觀點而言，Vygotsky 的論說更著重社會性遊戲，這點與 Piaget 和 Froebel 的理論相異，甚至與其他情感相關的遊戲理論也有所不同，Vygotsky 側重於說明社交關係、想像遊戲和語言。對於嬰兒和學步兒，以及有障礙和曾受創傷的兒童而言，當實際操作時，Vygotsky 的理論則存在著觀點狹隘、意義有限制性的盲點。

窺探遊戲的意義和解釋

　　從文獻中已了解，遊戲雖然被討論達近百年之久，仍舊未有明確的定義；它依然是一個傘狀結構的詞彙（Garvey, 1977; Bruce, 1991），致使其概念非常模糊。

　　經過遊戲相關的研究文獻探討（以英語文獻為主），揭露出某些主題是屬於重新浮現的，運用遊戲作為開拓學習的方法，附上形象化的描述。從其他語言（特別是北歐語言）的翻譯文本中得知，在美國和英國的兒童遊戲中，成人會扮演領導角色，反而在世界其他地方，包括歐洲本土，兒童遊戲的文化是備受尊重的，且成人不會給予太多操縱（Kalliala, 2004, in press）。Lofdahl研究兒童遊戲的霸權主義（權力關係）後，提出兒童成為主動學習者的策略。

> 當兒童進行遊戲時，會抗拒權力關係的出現；兒童在拓展知識時，會行使其個人行事權，並會成為有力的意義製造者。同時，兒童在遊戲中透過贏家和輸家、決策者、規準和需要遵守規則，顯示自己日常生活的知識。遊戲給予兒童嘗試測試底線的機會，他們可從中得知什麼是容許的，嘗試打破底線後會有什麼後果。兒童在行動和遊戲中，會顯示對權力恐懼的相關認知、處理權力的方式和獲得權威的方法，這樣，所得的效果比真正體會更好。（Lofdahl, 2002: 45）

遊戲──發生內化抑或外顯？

在第一章曾提及當兒童在其他人身上學習時，大腦發展方式即會受環境觸發。我們知道這些社交經驗如何確實印在腦海中（Meade, 2003），我們也因而成為獨特的個體。Froebel早在十九世紀就已經提出教育者角色是要把內在知識引發出來，同時，亦要將外部信息內化進去（Liebschner, 1991, 1992）。但何者為先？

一方面是，除非遊戲技巧是由人類大腦想出來的（內在），否則沒有人能進行遊戲；另一方面，除非外在環境觸發遊戲技巧以導致發展（外部），否則遊戲將不會發展。在本章中，將會整理所有遊戲理論以探討核心中哪一面會先出現；內在世界（透過大腦）和外部世界（透過遇到的人和經驗）兩者的發展皆影響著受成人支持和延伸所進行遊戲的方式，這會輪流衝擊大腦發展的方式（Brown, 1998）。

找尋兒童在家進行遊戲的線索

Dunn（1995）觀察兒童在家裡進行出於本性的遊戲狀況，發現每天在

144

家裡進行假裝遊戲過程中，學步兒能從年長的兄姊身上獲益；年長的兒童會對角色扮演的方式給予特別指示，也會引導學步兒走進遊戲的敘述部分，此等皆有助學步兒恰當地參與遊戲。

　　Dunn 的研究相信，每天在家裡進行出於本性的遊戲是很有價值的，與大部分幼托園所內進行的遊戲做真正的對比後，他發現園所內的成人自覺有需要教兒童進行遊戲；相反地，在家進行遊戲方式的情況很不一樣，通常是由年長的兄姊教導年紀較輕的弟妹去玩遊戲。

幼托園所內進行的遊戲：Vivian Gussin Paley

145

　　Gussin Paley 寫作主題是關於兒童在幼托園所或學校內進行的遊戲。幼教專業人員要面對的其中一個問題，是強調遊戲在園所內以小組模式進行的價值；但是，他們可能是受到壓力，導致往往是直接教授遊戲，而不是經由間接教學而引發遊戲。

　　Gussin Paley 為了避免過度教學，很盡力地詳細描述遊戲，揭示遊戲的方式，與我們分享她營造促使遊戲更豐富的創作氛圍的個人經驗。她為豐富遊戲環境而擬定計畫，為英國編制的遊戲課程指引文件補充精神層面內容，由 Jenkinson（2002）連結 Steinerian 的理論取向，這內容亦與 Anna Freud 或歐洲國家文獻中提及關注兒童遊戲文化盛行的其他理論（Kalliala, 2003）有關。但是，有計畫的遊戲是由成人設定氛圍，提供時間和空間，也給予支援的信息，促使兒童進行遊戲（Singer and Singer, 1990）。

　　在 Gussin Paley 的著作中（1984, 1986, 1990），也有 Jerome 和 Dorothy Singer（1990）所提出的論點，強調必須給予兒童充足的遊戲空間、遊戲資源和成人支援等；但是，並不是指由成人操縱遊戲。她會在兒童遊戲過程中協助他們延伸遊戲，如繕寫兒童在遊戲中想說的故事，也會幫他們將遊戲情境寫下來，製作成文學作品。

　　Gussin Paley 會延伸兒童的遊戲，用一些當地的舞蹈和音樂，導入具文化特質的戲劇故事和文學作品中。她不會敘述遊戲延伸的方式，不論遊戲

會轉變成為平面或立體藝術，或是轉變為數學探索或科學假設和實驗；其著作焦點總是細緻地描繪她慎選的範圍，啟導兒童將內在誘發出來，以獨特的文學和戲劇聯繫兒童的文化。

Janet Moyles

Moyles（1989）提出的遊戲螺旋式發展中強調其內在和外部是有先後次序的。在自由探索物體之後，幼教專業人員可直接指導兒童進行遊戲。「恰當地直接指導遊戲將可保障兒童學習，可提升他已有知識和技能的水平」（Moyles, 1989: 17）。及後，在她提出此種直接指導遊戲的後期，她提出了鼓勵兒童啟動自己的自由活動，運用直接引導遊戲中所學到的東西；成人可退居幕後，鼓勵兒童拓展自己的遊戲，同時，成人需要負責觀察兒童進行遊戲的情況，不再參與和教兒童進行自由活動。

導引方向

Gussin Paley 和 Moyles 都同意，成人不應再參與兒童的自由活動，他們都認為自由活動應由兒童獨立或自主地進行。Moyles 認為，當兒童需要獨自嘗試自己在成人直接遊戲中所學習到的東西時，自由活動即成為兒童遊戲的核心部分。Gussin Paley 相信，她即使不知道遊戲的節奏和音律也有信心做好。

> 克里斯托夫沒有嘗試進入正在進行的遊戲，雖然他注意到這是遊戲，但是他玩遊戲的節奏已中斷了。如果可以的話，我會樂於教他方法，但我的節奏不合適。他需要注視和觀察其他兒童，直至找出屬於他自己的風格，再做出嘗試。我能為克里斯托夫做到的一件事，就是不要過早介入他的遊戲裡。若我經常用我的節奏誘導他進入遊戲中，我便會延誤他適應小組遊戲的節奏。（Gussin Paley, 1986: 84）

　　她理解兒童內在遊戲的方式，能將遊戲與課程內容聯繫，主要在於討論，但並非在遊戲期間討論，而是特別安排在兒童講述故事的時間，或是分組活動時段。

　　拓展兒童遊戲的相關論題中，討論到底應該由外界引發，或應該先由內在引發時，就好像在爭論先有雞或先有蛋一樣。不過，我們仍能預見成人透過遊戲以開拓學習的方式將逐漸會有很大的轉變。

　　Wood（1990）與 Moyles 和 Gussin Paley 的不同之處，是將焦點放在遊戲的外在層面。她給予成人主要角色，並強調要與官方課程文件聯繫的重要性（是關鍵的）。Gussin Paley 則努力地為遊戲的內在層面爭取基礎理論。Moyles 則認為自由活動與直接教導可以交替輪流出現。Wood 和 Moyles 的著作對象主要是三歲以上的兒童，而 Gussin Paley 近期展開的著作則是針對年紀更幼小的兒童為主（2001）。

147

 實際應用

- 當兒童實際地具體操作時，你認為他們怎樣才會學得更多呢？畫畫或塗色？堆疊木製的建構積木玩具？或是分組活動時，坐著進行成人指導的任務呢？

- 如此一來，在自由活動時段，或許在你的園所內的娃娃角、勞作區、花園，都沒有培養兒童潛力。兒童在布置豐富的遊戲環境中，才能玩得更有深度和更有延伸性。他們也需要時間去玩，需要空間去設置他們的遊戲，更需要有人協助他們進行遊戲。

- 你能觀察到兒童什麼時候需要幫助嗎？他們是否有足夠能力去了解兩人同時想扮演同一角色時，要透過討論以解決問題？

- 你能充分理解兒童發展的需要嗎？能觀察到他們的需要，並適時增補材料讓兒童可延續其故事情節，或跳躍、蹦跳和跳動，又或玩石頭排畫嗎？

- 你還記得自己也曾在遊戲中獲益嗎？遊戲可幫助你思考得更靈活；也就是說，你可以透過遊戲學會用不同方式去完成同一件事？舉個遊戲例子吧！試想一下用三千種方式去打、去繫或捆一個結？

延伸閱讀

Bruce, T. (1991) *Time to Play in Early Childhood Education.* London: Hodder and Stoughton.

Gussin Paley, V. (1984) *Boys and Girls: Superheroes in the Doll Corner.* Chicago, IL: University of Chicago Press.

Gussin Paley, V. (1986) *Mollie is Three.* Chicago, IL: University of Chicago Press.

Gussin Paley, V. (1990) *The Boy Who Would Be a Helicopter.* Cambridge, MA: University of Harvard Press.

Holland, P. (2003) *We Don't Play with Guns Here: War, Weapon and Superhero Play in the Early Years.* Maidenhead: Open University Press.

Jennings, J. (2002) 'A Broad Vision and a Narrow Focus', *Early Childhood Practice: The Journal for Multi-Professional Partnerships* 4(1): 50-60.

Moyles, J. (1989) *Just Playing? The Role and Status of Play in Early Childhood.* Buckingham: Open University Press.

遊戲的重要元素

主旨

- 研究成果顯示大腦如何運用個人親身經驗（第一點）。

- 我們對於人類和其他動物的規範行為的理解愈見成熟（第二點）。

- 利用新科技（Newson and Newson, 1979: 235-8）改良遊戲道具（第三點）。

- 不斷探究遊戲學習與成人主導學習的差異，並且考慮兩者之間如何平衡和取捨（第四點）。

- 假裝扮演和預演人生遊戲都能不斷提升象徵符號的使用率（第五及六點）。

- 個人空間、朋友相伴和小組合作遊戲三者同樣重要，相關研究仍持續進行（第七及八點）。

- 我們對於研究兒童發展潛能方面的熱情從未減退，同時與此相關的議題亦不斷增加（第九點）。

- 在本章中，我們會討論幼兒沉迷於新學會的知識，並將之在遊戲中向我們展示（第十及十一點）。

- 遊戲學習必有核心和重點，當中，自由活動過程會顯現出遊戲獨有的學習特質，且與整個學習過程協調合一（第十二點）。

自由活動有十二點特徵（Bruce, 1991, 1996, 2001a），這些特徵廣泛出現在與遊戲相關的各大英語（或外文翻譯成英語的）文獻中，並且已被認定為遊戲質量的指標（Bruce, 1996）。這十二點特徵已成為評估自由活動的基準，評估成果隨之可用以計畫活動和支援遊戲，並幫助幼兒擴展自己的遊戲。這些特徵適用於任何年齡的兒童、成人（DFES, 2002），甚至適用於有特殊教育需求和終身障礙的兒童身上。綜合不同學科領域的相關理論，整合現有相關實證資料而得的結果，研究人員訂定這十二點特徵的目的——讓幼教專業人員改進遊戲方法時，能有整體性和一致性的指導方向，以此加深兒童參與遊戲的深度。

在遊戲過程中出現七點或更多特徵的時候，學習效果會更佳。

自由活動的十二點特徵（摘錄自 Bruce, 1991）

1. 在遊戲中，兒童會應用生活中親身感受過的經驗。
2. 遊戲中不要強制兒童遵守形式上的規則，和過分在意遊戲的結果、目的或方向；要讓兒童在遊戲中自己作主。
3. 在乎遊戲過程而非產物，遊戲結束瞬間也會像開始時那樣快如雲煙。
4. 兒童選擇進行遊戲的動機是本能自發性的，當條件適合時就會自然而生，而且會流暢地進行。
5. 兒童會在遊戲中預演人生，遊戲有助於兒童學習如何擔當特定角色，如何超越現有能力。
6. 遊戲引領兒童進入假裝世界，他們能透過想像進入另一世界，創作可能和不可能的故事。遊戲也可以超越過去、現在和未來的時空，並且讓他們扮演不同的角色。
7. 單獨進行的遊戲往往是非常深刻的；兒童可從中認識自己的存在，以及學習如何面對和處理自己的思想、情感、人際關係和身體。
8. 兒童及成人可以一起玩，在平行（伙伴）遊戲中，能更有組織性地

搭檔或群組。

9. 遊戲可以由兒童或成人發起，但成人必須謹記，要尊重每一位遊戲參與者的個人遊戲進程（即使他或她自己可能並不了解進程），成人不要堅持用自己的一套作法主導整個遊戲進程。

10. 兒童很容易投入自由活動中，且一旦投入就很難分散他們對學習（透過遊戲）的集中力；兒童在遊戲過程中會沉迷在自己的學習中。

11. 兒童時常會在遊戲中運用自己最新學到的知識、熟悉的能力和技巧，並會進一步鞏固這些技能；他們會在學習過程中自信地運用自己的技術和實力。

150

12. 兒童在遊戲中會整合自己的思想和情感，並連結與家人、朋友和文化的關係。遊戲能讓兒童的行動更靈活、更具適應力、想像力和創新力。遊戲亦能讓兒童在一個瞬息萬變的世界裡維持生活的平衡，邁向全人發展。

1 在遊戲中運用其親身經驗

在某些情況（如在羅馬尼亞的孤兒院）下，兒童缺乏實際經驗，會限制兒童拓展自由活動的所有特徵。故意剝奪兒童的日常實際經驗是不道德的行為，故此，成人在設計遊戲時需要加入實際經驗。

幼兒教育的基本原則是給予幼兒充分的機會，讓他們在室內和室外的自由行動中，直接透過感官進行學習。如想進一步發展更高層次的學習，就需要更豐富的實際經驗，以誘發更多采多姿的自由活動。此外，在高素質的遊戲過程中，兒童也會實現很多自由活動的特徵。

為遊戲提供空間及材料

聖方濟各小學的工作人員會根據觀察結果定期審視和調整幼兒班的娃娃角，並將之結合課程框架的學習領域精心布置。在討論期間，娃娃角的

裝置有下列的材料和用具：

臥室區內的資源

兒童／洋娃娃用的大床

兒童／洋娃娃用的小床

洋娃娃尺寸的雙層床

舊電視及遙控器

放置洋娃娃衣服的抽屜

鏡子

兒童演出的服裝

不同民族的洋娃娃四個，其中兩個男生，兩個女生

嬰兒用的配件：奶瓶、便盆、牙刷、小容器等

151 洋娃娃的衣服、洋娃娃，及兒童用的嬰兒車

廚房區內的資源

冰箱、鍋子、餐具櫃、水槽、桌子和椅子

熨斗、燙衣板和晾衣架

刷子、拖把、吸塵器、小刷子、畚箕和水桶

日曆、日記簿、電話、電話簿、記事本和鉛筆

讀給嬰兒聽的圖書、報紙、雜誌、貨品目錄和餐廳外賣名單和地址簿

杯、碟、餐具、鍋、水壺、炊具和碗

食用秤和食譜

嬰兒用的高腳椅

經驗愈豐富，自由活動也就愈多采多姿

運用以上的遊戲材料，可讓兒童把日常生活的實際經驗套用到遊戲裡；他們的實際經驗愈豐富，自由活動自然也會愈多采多姿。參觀有關兒童透過遊戲來學習的卡素拜爾展覽會（2002）期間，發現聖方濟各幼兒園內由

家長和員工準備的展板上，有一段老師的描述如下：

> 克莉絲蒂娜和史蒂芬妮都喜愛參與糕餅製作的活動，她們把
> 鬆餅放進烤箱烘烤後，便立即走到兒童遊戲屋去玩裡面的活動。
> 史蒂芬妮「閱讀」食譜，使用食用秤量出食材的份量（小磚塊）；
> 克莉絲蒂娜則在餐區用她的碗把食材混合，準備享用「蛋糕」。
> （Lamb, 2002）

布蘭頓家裡最近新添了一位男嬰，是布蘭頓的弟弟，老師也細述布蘭頓與海倫一起進行假裝遊戲的情景——布蘭頓扮演嬰兒，而海倫則扮演「母親」餵他。

體能遊戲

遊戲並不是只有假裝扮演遊戲，大部分兒童時期的遊戲都是單純運用感官和動作的活動。兒童之家幼兒園的孩子們在體能遊戲中可運用所有感官，他們利用觸覺有技巧地攀扶著橫杆，判斷柱子與自己和朋友之間的距離，並相互討論和傾聽對方展開遊戲的妙計。他們還會走到室外，感受與室內完全不同的氣息。此外，背景聲音也非常重要，在室外即使製造更大的聲浪，也不會像在密閉的室內空間那樣迅即造成壓力和緊張。孩子們可感受到空氣中的氣味，讓大腦充滿氧氣，提供活力，促使大腦啟動學習功能，並會在活動中促進知識和動覺的回饋。

153

一位男孩看著他的朋友，初時只是試著在單槓上輕力地擺動，之後就開始大膽地在橫單槓上任意做出各種懸吊動作；幾乎可以在所有兒童身上發現類似的感官動作遊戲。

以上討論的內容聯繫第八章提及的理論，包括：Buhler（愉快與實踐性的遊戲）；Piaget（感覺動作、因果關係和象徵符號遊戲）；Groos（預演遊戲）。

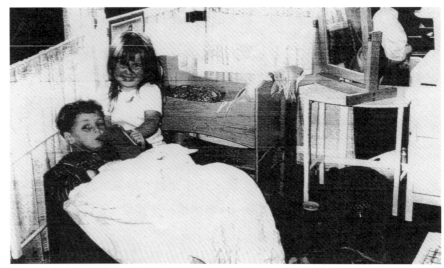

布蘭頓扮演嬰兒，而海倫則扮演「母親」餵他

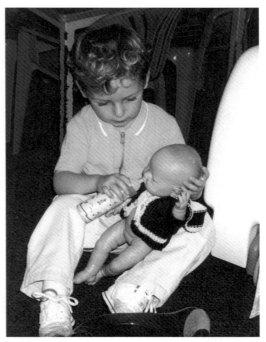

布蘭頓家裡最近添了一位小弟弟，他拿著娃娃來練習照顧弟弟

體能遊戲

2 在遊戲中訂立個人原則

　　兒童可以在自由活動中自己作主，避免受生活壓力衝擊；透過遊戲，兒童可理解正在發生的事情，也可以知曉人們的行事作風表現，學習處理問題使他們能更有信心地面對未來，以獲得更完善的個人身心健康。故此，要讓兒童成為一位完整的人，就必須幫助他們建立平衡生活的意識，以及必須讓兒童擁有自主控制的能力。兒童在遊戲中能實踐日常規則，也可以預演成人世界的規則，甚至嘗試打破規則，訂定新準則。

　　例如，在聖方濟各小學幼兒班，瓊觀察過他人用刀後，現在她正在練習用刀以及了解用刀的注意事項；之後，她告訴我們許

154

多有關用刀的知識。另一邊，克莉絲蒂娜和史蒂芬妮則決定用小磚塊代替烤餅。

照片中的孩子們正在單槓上玩體能遊戲，他們制定了輪流玩橫杆的規則，其一是要輪流讓同伴可以在單槓上搖擺，其二是要注意相互間距離不可太接近，以免妨礙別人。

這種規則訂定的情況，其實與 Garvey、Vygotsky 和 Anna Freud 的研究工作很接近，所以，他們都強調兒童要透過遊戲來掌控自己的生活。

3 製造產品與遊戲道具

遊戲不會生產出任何成品，不過在遊戲過程中，富有想像力的兒童就會運用市面出售的產品，加上找到的物件和材料，將之加工或重新創造，作為遊戲所需的道具。

遊戲不能受牽制

遊戲進行的主要原則是不能被牽著走，要讓它自然地開始，流暢地進行，要意識到它會逐漸消失得無影無蹤。如果遊戲的持續時間過於短暫，則意味著遊戲參與者從一開始就不滿意這遊戲。反之，持續時間較長的遊戲對開拓學習才有正面的影響；事實上，兒童是需要時間和空間來進行遊戲，也需要成人的支持以擴展自由活動。倘若兒童只有十分鐘時間進行遊戲，又或是要求兒童在完成功課後才能玩十分鐘的遊戲，這樣對兒童的學習確實沒有任何幫助。十分鐘的遊戲時間是完全不夠的，因為進行遊戲前需要時間熱身，也需要時間找出合適的遊戲節奏和條件，這樣遊戲才會有足夠的深度發展。

若兒童知道自己不會有足夠的時間進行遊戲，那麼遊戲可能會變得過分激動，且沒有焦點，甚至是毫無條理；當兒童發現遊戲沒有意義時，就

不會盡力去玩。Jenkinson（2003）關注日間幼兒機構內，一些年齡較大的
兒童，每當知道遊戲必定會被中止時，他們便會認定開展遊戲劇本是沒有
意義的。總括而言，兒童需要有足夠的時間進行遊戲（這正是我在 1991 年
編寫有關遊戲著作時，將之命名為「花時間玩遊戲」的原因）。

　　我們應該鼓勵兒童使用實物作為遊戲道具來進行遊戲，這對其發展更
有幫助，具體可參照聖方濟各學校的作法。在遊戲中，兒童所用的餐具和
烹飪用具都是實物；然而，用一盆盆塑膠製的食物模型會限制兒童的想像
力，所以，為了讓食物的種類變化有更多的自由想像空間，工作人員就用
了積木當作食物。

　　　伊蓮布置好餐桌並準備食物，廚房儲存罐內裝有各式各樣的
　　小積木，所以她可發揮對食物的想像力；她根據自己的想法在餐
　　桌上置放餐具，所用烹飪用具都是可放在爐灶上「真正煮食用
　　的」。同時，她正在準備用這些小積木來代替食物。（Lamb,
　　2002）

　　兒童會逐步發現並製作屬於自己的遊戲道具。拔士東費小學的孩子們
曾到海邊玩耍，稍後他們會在扮演遊戲中把這次親身體驗呈現出來，而在
遊戲中亦會製作和使用所需的遊戲道具。

　　幼教專業人員要與兒童訂定清晰的指引，讓兒童清楚明白各種用具的
限制，在不同情況下，哪些用具可以當作遊戲道具，哪些不可以。例如，
可以運用一箱舊的零碎積木，但不可以用一整套木製積木。事實上，兒童
需要了解自己做事的各種限制尺度，方可在自由活動中任意發揮自己的創
造力。想要努力達成這一點的成人，會與兒童一起討論，利用這種「持續
交流對話」拓展幼兒的學習（Siraj-Blatchford et al., 2002: 48）。

　　在自由活動中，聖方濟各學校的孩子們利用兒童遊戲室的資源進行遊
戲。因為他們不必擔心用具使用的規定，同時，他們不確定時可以諮詢成
人的意見，因此，孩子們都可以自由地使用自己發現的遊戲道具。

模擬大海的遊戲

　　兒童從好幾個教室裡蒐集所有紅色椅子，重要的遊戲道具卻是那部用作飛船儀表板的舊電視機，而這個遊戲是尚恩和丹尼發起的。（Lamb, 2002）

　　這個例子可以說明 Piaget 和 Vygotsky 的理論，兩位學者強調兒童如何在遊戲中學習成為象徵符號使用者，其中還包括利用一樣東西代表另一樣。

4 選擇遊戲

　　不能強迫兒童去學習，也不能決定他們應該知道什麼，更不能要求他們跟著指示來學習和表現，因為這樣做只會導致過度教學。相對地，最有效的教學觀點是要相信兒童天生具有成為主動學習者的衝動，另一種說法是兒童本質上對學習是充滿熱誠的。

　　兒童自嬰兒期和學步兒時期開始，如果學習過程都是由成人主導，沒

有真正的遊戲機會，這樣兒童與生俱來的學習內在動機就會逐漸被磨滅。如此一來，兒童已經習慣聽從成人分配任務，習慣跟隨成人的指導，久而久之，兒童就很難學會如何獨立思考，也不懂得如何靈活地思考，更難以成為富有想像力、創造力，且擁有解決問題能力的人。因此，兒童會將成人定位為教自己做事方式的人，而不是幫自己開啟思考潛力的人。

兒童在成人和其他兒童的協助下，可以較好且有效地運用自己的已有知識，亦能運用已有知識去學新的知識，這樣就能保留學習的內在動機。Gopnik 等人（1999）強調這種保留內在動機的策略，對拓展幼兒的學習特別重要。遊戲同樣是由天生的內在動機所引發的，而且對學習過程有莫大的助益。

如果幼教專業人員創造的遊戲環境讓兒童有安全感，而且可以讓他們在過程中用母語交流，這樣兒童說話便不受拘束，他們也會更易於進入遊戲中，亦易於加深遊戲內涵。

157

> 沙德曼和華爾達喜歡一起玩家庭遊戲，並會用孟加拉語（Bengali）交談。他們把原先放在屋內角落邊的玩偶拿到另一個房間，並放在車上「兜風」。（Lamb, 2001）

5 演練和改編歷史、未來及各種可能發生的事件

遊戲讓兒童脫離現在身處的地方和時空，讓兒童賦予事物另一個定義，讓他們發現新的做事方法，以及探索過去的歷史、外太空、海底，甚至未來，也可以重新安排現況。遊戲還可以讓兒童發揮潛力，有助於推進最高層次的學習。

遊戲讓兒童試探生活，讓兒童想像並假設事物的真實性，激發靈活彈性思考，有助開拓想法、情感、人際關係和身體動作。

神經學家認為智力發展是思考的適應力和靈活性。Calvin（1996）表

示智慧與解決困境的能力有關，就是當不知道如何是好的一刻，能夠做出決定。

自由活動可幫助兒童思考，並處理道德難題；建立具有獨特性思維與情感的敘述（故事），如此，兒童在參與遊戲的過程中，會開始反思扮演「壞人」、受害者或「偽君子」等不同角色的感受，就是這樣，兒童在進行遊戲的過程中，逐步發展個體的心智理論。在遊戲中，他們扮演的角色具有截然不同的思維方式和感覺，從中感受他人行事的思考方式。難怪幼教先驅Froebel於十九世紀時積極提倡遊戲中學習，認為遊戲是兒童最高精神性的活動，原因是遊戲確實可以幫助兒童了解自己和他人，亦有助兒童接觸世界。

6 假裝世界

自由活動開啟兒童的假裝世界，兒童可以假裝成不同的人，嘗試擔當生活中遇到的成人角色，或是試演成人的工作情況，這種扮演成他人的活動稱為角色扮演。假裝世界引領兒童超越現在的生活，他們可以像成人般駕駛、經營店鋪或照顧嬰兒。此類遊戲可以讓兒童安全地跳出現實世界，讓個體展示其內在的想像世界，展現個人的幻想空間。

158

替換衣服

兒童很喜歡化妝打扮。轉變是成人戲劇的精髓，特別是指善良與邪惡之爭的劇本。Holland提出她稱之為「戰爭、武器和超人遊戲」，她形容這是在日常生活中經常會見到的遊戲：「此類遊戲亦是在電視、錄影帶和電影裡經常出現的簡單橋段，充滿粗暴的善惡之爭的劇情，內容有限且不斷重複，兒童從中受影響而被誘導，在幻想遊戲裡延伸此類經常只有暴力、戰鬥的劇情。但是，這類劇情的遊戲正與幼教專業人員盡力提倡的和平解決衝突問題的方式存在矛盾。」（Holland, 2003: 33）。

善良與邪惡

幼教專業人員不會選擇善惡之爭作遊戲主題；對於那些多年來掙扎著是否讓兒童進行善惡之爭遊戲的工作人員來說，Holland的研究可引導他們重新細心思量，幫助他們排除矛盾，貫徹工作。

> 我們應該理智地行使自己的權利，我們可以身體力行，可以使用道德權威來防止兒童傷害自己，或者，我們可以檢視其他人行使權利時，是否為大眾所接受。然而，當有人行使權利以移植個人幻想世界，這變相是一種操控別人、逼使人妥協的行為，亦是一種倒退且難以接受的行徑。若大家的權利受侵犯程度已達此水平，那麼還要選擇輕易地遵照掌權者的安排嗎？還是大家會冒險嘗試教導兒童抗拒，教導兒童保護自身利益呢？難道我們不去教導兒童遇有不同意見時可以協商處理嗎？以暴易暴不是唯一的衝突處理方法吧！（Holland, 2003: 100）

進入假裝世界並調控離開時機

第三點特徵顯示，兒童如何根據自己的遊戲劇本採用遊戲道具替代物。在假裝世界內，兒童創造的新身分和個性會持續整個遊戲時間，我們亦要知道兒童是可以安全地抽離現實，自主決定何時再做回自己。這幾乎像魔術一樣，遊戲過程中有人幫他們替換服裝。起初，他們只是外表的轉變，到後來他們在協助下學會進入角色，這種過程對兒童日後進行創意寫作也很有助益。

> 基爾倫很喜歡打扮，他裝扮成正準備參加婚禮的模樣。他戴著頭巾、寬邊帽，穿了一件裙子和外套，背了一個大袋，享受著在音樂角落內裝扮和舞動。不久前，基爾倫曾以自己親戚的婚禮

159

為主題，畫了一系列的圖畫，而且，每幅畫都附有故事描述。這系列圖畫已編輯成有書名、有作者，並有插圖畫家的印刷品。基爾倫自豪地拿著他的作品回家，讓家人閱讀；當然，他亦嘗試把作品「讀」給家人聽。（Lamb, 2002）

在遊戲期間，兒童能夠扮演狗、貓、超人和女英雄、卡通人物、仙女、女巫、妖魔等模樣，雖然這些都不是預演成人生活，但卻能容許兒童試驗真實與幻想。除了戲服和道具可輕易地將兒童引進想像世界之外，動作亦有相同功能；有時甚至不需要道具，簡單的雙臂側平舉的動作，已經是變成飛機的好方法。幻想遊戲可超出真實世界，在真實世界裡，兒童並不會真的變成狗或女巫。

過程中，兒童也可以用物體代表其他不同物品，如用故事書當作日記，用筆當作調羹。如此一來，思維會更具彈性，有助進入更深層的思考和感受，也有助加快創造思維的流暢性。

7 單獨進行遊戲

獨處與孤獨是不同的。現代人生活在繁喧中，經常缺少獨處時間，然而，個人空間對於創造力和想像力都很重要，很多富有創意和想像的成年人都會像兒童一樣，會花時間獨處（Storr, 1989）。創造力的核心是需要將想法連結，並將想法留在感覺上，連結關係，將之具體化，接著想法會逐漸孵化成形，最後始能浮現出來。在創作時，創意人士經常會感到掙扎和煩悶。在創立科學性或數學原理、編舞、音樂創作、藝術作品、劇目或文學作品等的創作過程中，獨處的時間往往是最關鍵的。

160

獨處與孤單亦大不相同，獨處不代表兒童的學習不需要支援和幫助。近年出現的一個問題是有關教導兒童思考文化的重要議題，愈來愈重視成人的主導角色。雖然在兒童遊戲的過程中，成人的支持和幫助很重要，但

成人的角色並不是遊戲歷程中的必然角色；而且觀乎世界上很多地方的兒童，都是透過與其他富有經驗的兒童遊玩而拓展學習的。這點特徵與象徵符號行為、假裝和想像遊戲有關，都會隨單獨遊戲的機會而加深。舉例來說，兒童在小小世界玩弄遊戲道具時，經常會聽見兒童喋喋不休，獨自以不同聲音代表各種角色。

> 沙德曼剛剛來到聖方濟各學校時，覺得說英語很難；但是，
> 他可以用流利的孟加拉語講電話，也會寫日記。（Lamb, 2002）

我們發現兒童埋首於單獨遊戲的另一種情況，是在兒童玩建築遊戲時，很享受獨自將想法變成更具創意、更有技術和更卓絕的手藝。Harding（2001: 24）的研究提及在小路上練習騎自行車的技巧，會帶給人一種控制技巧的感覺，這些都是會令人興奮的遊戲。

嬰兒喜歡單獨遊戲。Goldschmied 曾進行啟發性研究工作，他把寶寶籃裝滿天然物品，用以深化嬰兒坐著玩東西的遊戲層次。

單獨遊戲增加兒童思考的深度和創意思考，亦是強化個人面對自己感覺與反思關係的方法，單獨遊戲的意義也在於能使自己知道，並推進自己思維的限制。對幼兒來說，個人空間是最主要的，成人亦然。

8 共同遊戲

陪伴遊戲

通常稱之為平行遊戲，但我寧可把它改名為陪伴遊戲；意思是兒童可以從身處的角落放眼看出去，知曉其他兒童或成人在玩什麼，同時吸引他人或被他人吸引。陪伴遊戲是既身處於群體中，又能保持獨處的奇妙遊戲，亦是愉快的遊戲方式。所以，學步兒剛開始學習創作角色和故事時，會進行象徵符號（用像、圖、聲、符代表事或物）的遊戲過程，亦經常縱情於

161　陪伴遊戲中。此外，透過啟發式遊戲，他們會獲得非常多的學習量（Gold-schmied and Jackson, 1994; Manning-Morton and Thorp, 2003; Forbes, forth-coming）。啟發式遊戲能讓學步兒滿足自己探索物體的欲望，亦可了解他們的行為方式；他們需要多種多樣的物體而非玩具，用以引發興趣，並且擴展試驗機會。

合作遊戲

　　合作遊戲一般會在四至七歲萌芽，在兒童中期漸次深化，逐漸發展成創作的核心。過程中，若玩的時間和空間不夠，而成人又過分限制、主導和干預遊戲的話，自由活動便會受壓抑。在自由活動發展過程中，年齡較大或經驗較多的遊戲伙伴與成人的角色同樣重要。在綠色小屋幼兒園內，一群兒童一起合作玩自行車遊戲，小心翼翼地調整動作和位置，以維持自行車流暢地行駛。其實，兒童不一定要玩假裝遊戲或角色扮演，對他們而言，合作遊戲、單獨和陪伴遊戲也是很重要的，而且這種自行車遊戲更具科學性。

領導和服從──同等重要

　　有些兒童害怕失去控制權而經常強行要主導遊戲，有些兒童則經常只能是跟隨者。當兒童展開合作遊戲時，他們需要適時擔任領導，適時委身服從，適時又要與隊員協商，這樣方可幫助他們成為處世圓滑的人。只會領導的人並不是好隊員，同樣，只會服從的人則會缺乏主見，漸漸變得更被動。

9 執行個人遊戲進程的關鍵問題

　　每位參與自由活動的成員各自都有個人獨特的遊戲進程，雖然往往是直覺層次；不過，成人很重視推進兒童的遊戲進程，因而會產生過度教導

的傾向。然而,參與遊戲的成員應該互相尊重,盡量配合對方的進度,這樣自由活動才會變得更有意義。

遊戲指導和引導遊戲都不屬於自由活動,因為這些活動完全由成人支配,不容許兒童根據情境發展自己的遊戲進程。這類根據成人的進程而定的由成人主導的任務,若稱之為遊戲會使人混淆,所以最好稱之為成人主導任務。 *162*

開始時,兒童可能只是加入成人或其他兒童所啟動的自由活動,但在遊戲進行過程中,兒童會引介他自己的遊戲進程,此進程亦會透過與他人協調而逐漸拓展。

事實上,成人是可以為自由活動給予極大貢獻的。如此,在遊戲過程中,第一步是要根據兒童的遊戲進程調整步伐,第二步是將他們各自的進程聯繫起來,使遊戲更為多彩多姿。本章的前面有一張照片,內容是拔士東費小學的海洋遊戲情境,從照片中可以看出教師參與兒童遊戲的同時,很謹慎地調節著兒童的遊戲進程,並且避免過度教學(Greenman and Stonehouse, 1997: 219)。

10 在遊戲中保持全心投入

兒童深陷和沉迷於自由活動時,反映著兒童對活動的高度參與和投入。在遊戲中必須有具體充裕的時間和空間,並且有協助者等條件,才能誘發兒童這種全心全意投入的表現。

專注力是兒童早期階段及日後學業成就的重要指標。兒童在遊戲中專注思考的能力,亦將會遷移為學習的助力。

在聖方濟各學校,三歲的康納和詹姆斯正在娃娃角玩著扮家家酒遊戲,詹姆斯正替玩具娃娃換衣服,也準備了餵奶瓶,康納則準備了餐點。兩位男孩都會常常把玩偶放到嬰兒車上,並會在

教室和戶外範圍內到處推著嬰兒車散步。康納和詹姆斯都沉迷於各自的自由活動中，在遊戲中，他們會用典型的日常生活作為自己的遊戲劇本。

自由活動增進大腦思考的靈活性和變通性

163

兒童具有進行遊戲的能力，即表示他們的思維已達到一定的水平，亦即表示其大腦的思考能力已達到靈活性與變通性的最高層次。我們發現兒童沉迷於自由活動時，會表現得充滿自信，並會嘗試跳脫此時此地，思考已發生的事物，他們也會將經驗再組織，用以預視將會發生的事情。

玩興

第一章曾提及大腦遇到合適的條件時，就會釋放化學物質用以啟動思維以變得更靈活變通和具創意。此外，發現更多具誘發功能的條件，亦有助兒童拓展不同的遊戲形式，對兒童日後的創造力發展亦很有幫助。Garvey（1977: 12）指出，必須清楚知道什麼是遊戲，什麼不算是遊戲。玩興（playfulness）並不算是遊戲，它只屬於一種預兆資訊，顯示由實在（真實生活）轉移到不實在（遊戲）。Bateson（1955）也認同玩興可以預示遊戲即將發生，也顯示已啟動遊戲某部分的流暢思維層次。玩興是一種思維層次，啟示自由活動的軌跡。雖然自由活動也會充滿樂趣和笑聲，但過程中不時會表現得很認真，經常要面對失敗和傷感，而遊戲中有此等體驗才算有份量，才算有深度的投入。

開啟新的思維方式

Egan（1997: 8）提出人類的思考很難脫離文化背景中已形成的思維方式。他引述經濟學家 John Maynard Keynes（1936: xxiii）的話：「想出新方法不難，最難的是要擺脫舊的想法，對於大部分成人來說，舊想法已旁枝

交錯地進入腦海的各個角落。」毫無疑問的是，我們已有的思維習慣會阻礙我們思考有關運用遊戲開拓學習的觀念。

Egan 也認為這是另一個難題，當我們想脫離傳統的遊戲觀念時，常常會離不開舊的敘事方式〔「鉅型敘事」（grand narratives）〕（引用 Lyotard 的說法），甚至為了區別過往與遊戲有關的說法〔「迷你敘述」（mini-narratives）〕，而再去發明新的詞彙。但是，這些新的想法只屬於「鬆散故事」（shifting stories）（Egan, 1997: 154），並不能聯繫已運作良久的整個系統，最後發展成偏離遊戲主體，意思完全不同且旁生許多分枝小節。這裡所說的玩興就是其中一種分枝。幼兒教育受後現代主義的影響，導致玩興一詞有更廣泛的使用空間。Egan（1997: 154）說：「遊戲慣用的定義仍然是無意義、無目的活動。及後直到基礎心理學和社會學將其定義具體化，後現代主義者才樂意把玩興定位為一種感受。」

玩興的多角度解釋

164

如果說遊戲只是無目的，以及只是關注於某一層面的活動，那麼，此觀點未免過於狹窄，並且排除了遊戲的其他重要特徵。前面提及玩興是一種遊戲流暢性的徵象，是由真實生活層面轉向自由活動層面的預兆。例如，兒童常會說：「一起玩怪獸遊戲吧！」這時便是兒童想由現實轉向想像遊戲劇本的時刻。粗糙和亂七八糟的遊戲往往都會出現此類徵象。當成人開始以誇張舉止、表情和動作與嬰兒玩，這就好像在說不如我們從平凡的生活轉向自由活動，這就是成人轉向遊戲前的玩興時刻。

遊戲能啟發開放性思維、靈活性和敏捷性的思維，這些都是創造力的基礎，也是遊戲的重要功能。在遊戲中要與他人協調，此特徵亦是發展上述思維潛力的主要方式。這確實與後現代引用的「鬆散故事」大不相同，「鬆散故事」只能將遊戲的最新潮流做短暫描述，當另一新說法出現時，自然會取而代之。Meade（2002）在紐西蘭與同事討論時，表示所有幼教專業人員都要準備應付這種後現代主義的用詞，及其所屬的「鬆散故事」。

這裡不用再舉例說明後現代主義和啟蒙運動的異同，後現代主義已去除視為啟蒙運動的觀點，去除遊戲是具有探索意義的方式。除去與啟蒙運動相關的遊戲概念後，學者Egan（1997: 154）提出不認同的言論，認為即使對遊戲概念抱持不同的看法，在相關領域的範圍內，觀點應盡量保持一致。在相關領域內應該運用科學性的觀點，透過蒐集不同的研究結果和資料，提出不同的證據，總結出有說服力的觀點，以證實在幼兒階段進行遊戲的重要性。

11 展示新的學習、技能和能力

從運用已有知識的角度來看，遊戲與新的學習關係不大，但是，遊戲與知識、想法應用、感覺和關係理解、身體動作技巧運用等都有關係。兒童對熟悉的事物才會感興趣，才會用以開展遊戲（Athey, 1990）。

鞏固學習

自由活動可以讓兒童鞏固學過的知識，使這些知識進入長期記憶。自由活動與利用枯燥又重複的學習單做練習，或是不斷重複運算類似數值練習的方式大不相同，遊戲有固定的連續情節背景，遊戲中兒童的玩法亦重複出現。正如Hebb（1961）所提出的「同中有異」。遊戲的「同中有異」特質，具有維持高度興趣和動機的作用。因此，今天與這一組兒童玩扮家家酒的情況，必定與昨天跟另一組兒童所玩的不同，所以，即使遊戲的情節背景主題是相同的，遊戲的靈活性會讓玩法略有不同。例如：同樣是玩跳躍遊戲，但是在草地、彈力城堡或柏油地上的玩法和跳法就不盡相同。

展示能力

在遊戲中，兒童可以展示技術性實力，例如騎腳踏車的技巧，或是玩商店遊戲時寫購物單的能力，又或是不同的角色扮演能力等等。年紀較大

的兒童具有遊戲引導技巧,可以在不會讓遊戲中斷的情況下,讓年紀較小的兒童加入進行中的遊戲,亦能讓所有參與遊戲的兒童對共同延續的遊戲主題感到滿意。

　　Charles Darwin 和 Emma Darwin 的孩子們都受過良好教育,因為他們都是透過遊戲來學習,所以對自己的學習都很理解,學習場景大都是室內和戶外,而不光是在教室內進行機械式的文法練習和重複抄寫。此外,Darwin 夫婦也曾受教育先驅 Johan Pestalozzi（1746-1827）提出的教育原理所影響。Thorley 女士和母親 Emma Darwin 這兩位女家庭教師有時都會參與兒童的遊戲。一位友人在某張投影片上為遊戲寫了一段我很喜歡的短文:

　　　　這玩具有一個價值不大且不合適的名稱,我在其他地方都未曾看過,但是在 Darwin 親戚家裡都會有一件。它的一端有邊飾的木刻插座,另一端有細的凸緣,可以扣在爬梯的橫杆上,可以隨他所想大膽或羞怯地滑動,還可以發明不同的花式滑動技巧,如可以坐、站著或用頭帶動等,而最複雜的技巧方式則是「八步站式」（eight steps standing）。（Keynes, 2002: 105）

應用知識

　　Darwin 的孩子為知識應用和理解提供很多技術性實力的例證,Annie 是 Darwin 的長女,她喜歡玩收藏遊戲,也喜歡觀察父親研究工作的情況。 166

　　　　Annie 喜歡為有清楚顏色的蒐集物體名命,且常常會模仿父親在比格帆船旅途上描述標本的方法,並在小書內憑色配對。這本小書是愛丁堡花繪畫家 Patrick Syme 的著作 *"Werner's Nomenclature of Colours"* ,內有各種顏色的配對物件,全都是自然界中的東西,如動物、蔬菜和礦石。Charles 想給 Annie 知道自己收藏的礦石標本,而 Annie 認識的其他東西都是在家裡的圍圍和附近

郊區發現的。（Keynes, 2002: 103）

這裡提及的重點是說明兒童會觀察父母、家庭和成人的工作情況、購物習性、興趣和休閒活動的情形。此外，兒童會將自己學到的東西混入遊戲裡，這亦是應用學習的過程。Annie 的遊戲展示出自己對父親所教的自然界知識的深刻理解。

布蘭頓在看電視

✿12 遊戲讓兒童的成長更趨完善

對兒童來說，遊戲對全人培育和全面均衡地發展都很有助益。遊戲可以幫助兒童組織、統籌和編排學到的知識，以致兒童的學習變得更有意義，讓他們有能力在不同情況下，與不同的人共事。

根據醫院的臨床醫師 Stuart Brown 多年的研究，艱苦地蒐集了八千個

167

個案，當中包括患有德國麻疹的兒童、男性殺人犯、連續酒醉駕駛的男性司機和有天賦的男人，他發現：「這些具不同背景的人，即使是高度暴力及反社會秩序的男子，都有一共通點，就是在他們的生活經驗中幾乎缺乏正常的遊戲行為。另外，在慢性病風險顯著性預測研究中，也發現受身體虐待以及被剝奪社交（主要是父親）的暴力殺人犯、一般酒醉和反社會的司機、殺人犯，通常都是在聯賽後出現不正常的遊戲行為，而導致社會和個人悲劇的發生。」

　　遊戲對防止兒童日後造成「社會和個人悲劇」具有強而有力的決定性影響因素（Bekoff and Byers, 1998: 249）。遊戲對兒童累積正面的個人經驗很有幫助，同時亦有利於社會，意思是兒童不會成為暴力或反社會份子。遊戲幫助人們組織思想，所以他們能正面思考，致使他們能領悟全人身心發展的意識，與社會繼續保持良好關係。

掌握遊戲的重要元素

　　自由活動與兒童關係密切，自由活動能讓兒童沉迷並表現出高度的集中注意力；亦涉及兒童的想法、思想、情感、人際關係和肢體動作。此外，自由活動讓兒童以不同方式運用以及反思已有知識，嘗試和探索已掌握和學會的關係、情感、想法、思維與身體活動。

沉迷
（專注和參與）

＋

理解和應用已有知識
（技術實力、能力和控制力）

＝

自由活動的重要元素

168 　　兒童參與遊戲時能沉迷且高度專注於遊戲中，同時亦能運用能力、技巧和控制力去理解和應用知識，這些都是遊戲的核心關鍵特徵，但是在核心範圍外的其他特徵亦可用以辨識遊戲的真偽。本章提及的十二項遊戲特徵是一整體系統，當後人對遊戲有新的理解時，這些觀點亦會隨之更新。遊戲不是一個固定不變的概念，正如兒童遊戲的流動和變化一樣，遊戲對兒童心智理論的影響也在不斷改變，直到兒童長大成人，遊戲的影響依然存在，可以說遊戲具有終身概念。

實際應用

- 你會考量兒童的興趣，跟隨他們的視線，並且一起討論他們感興趣的事物嗎？

- 若班上有位孩子與同伴宣告「我們一起玩商店遊戲」，然而隨後他們只是站著，卻不知道如何是好，在這情況下，你會給予指示嗎？例如，請雪倫去拿購物袋，請喬來扮演收銀員，同時請潔西將珠子分類當作錢幣，並將錢放進錢包內。這是給予兒童一些意見，並非把意見強加給兒童。

- 你會觀察遊戲的進行過程嗎？

- 對於你所支持和延伸的遊戲，你會怎麼評估呢？

- 你怎麼評價兒童的個人遊戲？如果自由活動中出現七個或更多的特徵，在遊戲中學習的過程大概是發展良好。

- 與班上的兒童共處時，你對他們的遊戲了解程度是多少呢？如果遊戲真的是孩子的最高層次學習方式，與兒童共處時，拓展他們的遊戲就變得非常重要。包容和平等是很重要的原則。包容意味著每位孩子都感受到自己的存在角色，並且感受到自己是屬於這群體，但這並不是指每個人都是相同的，或者是用同樣方式對待，不能採取

一概而論的方式。這適用於性別、種族、信仰、殘疾、失能、有特殊教育需求、以英語作為第二語言、年齡（像目前班上最年幼的兒童）身體形態、經濟背景、地理區域、健康問題。每位孩子都是獨立的個體，都有個別需要，同時也是人類的一員，是家庭、團體或社區的一份子。在你的檔案紀錄中，是否每位孩子的遊戲發展都被視為具重要價值？

169

延伸閱讀

Bruce, T. (1997) *Early Childhood Education,* 2nd edn. London: Hodder and Stoughton.

Bruce, T. (1996) *Helping Young Children to Play.* London: Hodder and Stoughton.

Bruce, T. (2001a) *Learning Through Play: Babies, Toddlers and the Foundation Years.* London: Hodder and Stoughton.

Gura, P., ed. (1992) *Exploring Learning: Young Children and Blockplay.* London: Paul Chapman Publishing.

Jenkinson, S. (2002) *The Genius of Play: Celebrating the Spirit of Childhood.* Hawthorn Press.

Kalliala, M. (In press) *Children's Play Culture in a Changing World.* Maidenhead: Open University Press.

Long, A. (2001) 'Forget about the "music" — Concentrate on the Children', *Early Childhood Practice: The Journal for Multi-Professional Partnerships* 3(1): 71-6.

使用象徵符號

主旨

　　象徵符號是事物的代號。人們開始能理解象徵符號時，其思考能力隨之變得更深入、靈活和抽象。自學步兒階段開始，以玩樂的心態整理不同類型的象徵符號，釐清他人創造和使用象徵符號的方式。

　　透過這種方式，他們開始意識到自己也能創造，並尋找和使用自己的象徵符號。除了這一點，他們還會開始探索、解碼、利用自己所屬文化中的主要象徵符號。

　　成為一個象徵符號使用者，即意味著幼兒建立了有層次性的象徵符號，能更深層地思考過去、現在和未來。兒童就是這樣建立起自己的想法和成熟的情感（有時也稱為情緒智能），與此同時在與人交往方面亦會有所得益。

　　兒童使用象徵符號的主要部分，包括學習和身體發展；其中使用畫筆、樂器、跳舞、歌唱，及製作標誌和模型、堆積木等，都包含身體協調。

　　兒童很高興能成為象徵符號使用者，但前提是其個人的象徵符號要受到珍視，且並不是被成人強迫過早和不恰當地學習象徵符號；在這種

情況下，學習就失去了意義，學習會變得枯燥和令人厭煩。我們絕不能破壞兒童成為一位象徵符號使用者的天性；相反地，我們需要培育兒童有製造和使用象徵符號的意願。

171　　　　幼兒往往都很珍視泰迪熊。金美倫堂幼兒園的園長向兒童展示她的泰迪熊；她向孩子介紹過去的歷史，想讓孩子們去感受一下不同的時代。園長小時候也很喜歡泰迪熊，並一直保存至今。在這裡，這泰迪熊就是一個象徵符號，讓幼兒更容易理解和掌握過去的時代。

自製的書本

有位孩子非常興奮地討論泰迪熊。艾理斯告訴母親有關上次會談的內容，他的母親隨即讓他在家製作了一本屬於自己的泰迪熊的書，書名叫「我的泰迪熊」。

封面：
有艾理斯的母親用鈕扣縫製的字母「E」，還有一張他在公園蹺蹺板上與泰迪熊一起玩的照片。

第二頁內容：
泰迪熊在旅程中必須是安全的，全都綁好了；我正在照顧他們。
那是兩個泰迪熊被安全帶綁在汽車座椅的照片。

第三頁內容：
在家裡與最喜歡的玩具在一起。
那是兩張用竹籤鑲起的照片，展示艾理斯與泰迪熊在一起的情景。

第四頁內容：
當我在床上讀最喜歡的書時，會把泰迪熊放在床上。
那是一張用塑膠條鑲起的照片。

（續上頁）

第五頁內容：

展示所有藍寶貝（泰迪熊的名字）的精彩照片。

那是一張艾理斯在床上看圖畫書的照片。

第六頁內容：

我們都累了，是時候說「晚安！」了。

那是一張用塑膠條鑲的照片，在照片中，艾理斯在床上抱著泰迪熊睡著了。

最後一頁內容：

睡相就像天空中的鑽石，做著甜蜜的夢。

那相片用圓形、三角形和半圓形的塑膠鑽石鑲起；其中一個塑膠鑽石是箭頭形狀的。

172

具影響力的情感訊息

　　這本自製的書是因關愛而編寫的，也許這本書能讓母親想起童年時擁有泰迪熊的回憶。泰迪熊常常帶給我們舒適、安全及被愛的感覺。製作此書的過程，能讓兒童經驗使用象徵符號的過程，可以是如此充滿情感和思想意義，讓他們回憶以往的情景，所以象徵符號充滿著意義，也充滿了情感訊息，這就是象徵符號具有影響力的原因。

兒童開始成為象徵符號使用者

使用非語言形式的符號

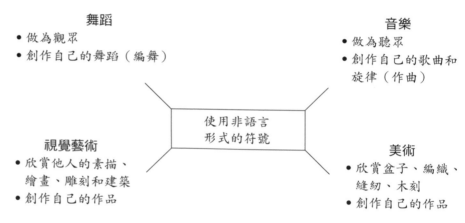

舞蹈
- 做為觀眾
- 創作自己的舞蹈（編舞）

音樂
- 做為聽眾
- 創作自己的歌曲和旋律（作曲）

使用非語言形式的符號

視覺藝術
- 欣賞他人的素描、繪畫、雕刻和建築
- 創作自己的作品

美術
- 欣賞盆子、編織、縫紉、木刻
- 創作自己的作品

透過本書的討論，我們可以得知兒童能分享自己的文化，並使用新興的非語言符號。

即使是年紀很小的幼兒，只要有機會和得到鼓勵，也能探索並找出保留經驗的方法。保存一個盆子或木工很容易，但要保留一支舞蹈或旋律以做分享和再使用就相對較難。當然，保留簡單形式的舞蹈和音符也是可能的。幼兒可用一排的小圓點記錄音樂的節奏，兒童也可以嘗試用數字和字母做記錄。

如果有機會，兒童就會開始尋找如何保留（代表）經驗的方法：

- 舞蹈標記法：尋找辦法寫下創作的舞步，這樣就可以與他人分享，並可在其他時間再次跳這支舞。
- 數學：其他人普遍使用的數字、幾何和代數象徵符號，解題和出題方式，以冒險精神寫下數學問題和答案。

可書寫的象徵符號

- 文學：可閱讀並了解他人的故事、歌謠和詩詞，我們可從中獲得訊息。
- 創作：開始寫下自己的訊息、故事、詩歌和詩詞。
- 樂理：學習歌曲或音樂的寫法，用作保留和記錄，以便能再次演奏。
- 樂譜創作：寫下自己創作的歌曲和音樂作品。

屬於個人和慣用的象徵符號

每位兒童都屬於其成長文化的一部分；然而，正如我們所見，兒童需要機會去試驗在別人身上所學到的象徵符號，這是啟動兒童認知理解的進程。兒童可以在自己的舞蹈、音樂創作、素描、繪畫、模型、科學實驗、文學和讀寫旅程中使用象徵符號。兒童參與自己的文化時，就會發掘自我，並期望開展具有其個人寫作風格、閱讀品味和藝術的自我試驗。

只聽取別人的故事、數學問題、視覺實驗、舞蹈和音樂的人，很難成為富有創造力或想像力的人，也不太可能會擁有豐富表現力和有智慧的人生。兒童應當得到更好的人生，而不是單純一輩子模仿別人的生活。心理學家 A. Maslow 指出：「如果你將人生計畫蓄意地訂在低於你能力可及的水平，那麼我就可預告，你將會對剩下的人生深感不滿。你是在逃避自己的可發展潛力。」（Maslow, 1987: 40）。

因為沒有任何其他動物能使用象徵符號代碼，所以，我們鼓勵兒童發展使用象徵符號代碼是非常重要的。

重要的是，鼓勵兒童使用個人的象徵符號，可讓他們自由地理解和使用普通的象徵符號，而不是強迫兒童只會使用慣用的象徵符號。若兒童失去使用個人象徵符號的能力，也沒有能力發展慣用的象徵符號的運用能力，

這樣他們就會失去潛力，很難成為富有創造力和想像力的象徵符號使用者。

克雷格米勒兒童中心的工作人員正在以兒童的興趣為出發點，幫助兒童在不同的領域中學習，而不是用兒童的興趣來配合成人期望的學習歷程。

工作人員的筆記可顯示這進程的情況，摘錄如下。

當艾迪卡在堵車的路上

在三至五歲遊樂室內，有許多兒童都表示對成人角色及其「工作」感到很有興趣，他們特別希望能找出兒童中心內不同人的工作範圍，其中校車司機艾迪是一位非常受歡迎的人物，兒童亦常常向他詢問他的工作情況。

有一位工作人員創作了一首歌，內容是「當聖誕老人卡在煙囪裡」。這首歌非常受兒童歡迎，它成為唱遊活動的首選，而且其他教室的兒童也會唱這首歌。

由於孩子們對這首歌感到極大的興趣，工作人員認為應該將這首歌編列成繪本。

艾迪欣然同意並參與編書的工作。孩子們為每一行的歌詞忙著選擇照片，同時也為書內其他書頁找出合適的照片。他們將相片排成一輛巴士的形狀，大大地印在灰色繪本上。

我們就是這樣一直與孩子們唱著這首歌，因此能夠製作出屬於大家的歌曲錄音帶「當艾迪卡在堵車的路上」。

卡素拜爾兒童中心的工作人員說：「我們的計畫仍在進行當中，並打算繼續試驗我們對兒童的想法。我們最近購置了一些兒童專用的相機，並計畫協助兒童用相機拍下他們自己的照片，用照片特別為他們製作繪本。」

由於剛開始時，工作人員都是用成人的想法來製作繪本，所以，工作人員現在面臨的挑戰就是，避免在繪本設計中加入成人想要的內容。

我們發現使用攝影作品能增加學習機會。故此，利用這種方

174

法發展出這次計畫，我們運用照片和圖片設計各種書籍及相關活動。

工作人員都體驗到成人導向是不適合的方式，亦不認同此方式的價值，取而代之的是大家都是從旁協助孩子拍照留念。孩子開始互相談論自己的快拍方式，且經常是對精確的事件引發很有意思的討論。

工作人員讓兒童練習字詞時也不再使用書本，而是協助兒童為幼兒園的新生拍下入園的照片，藉此讓兒童觀察幼兒園工作人員的工作事務。這樣，兒童的交談就能連接到課程內所有的學習領域。

175

Whitehead（2002）指出其稱為「社群敘述」（community narratives）情況的重要性。在克雷格米勒兒童中心，兒童及其家庭社群以外的人，是不會理解為何艾迪在兒童及其家庭社群扮演著重要角色。雖然並非所有社群敘述都有記錄下來，但無論他們一起唱歌，還是共同製作繪本，對建立社群歸屬感都發揮了積極作用。當兒童喜歡看相本，喜歡細閱上面的簡單說明，這些敘述就促進了彼此的歸屬感。

鼓勵家長樂於協助自己的孩子成為象徵符號使用者

綠堤兒童中心的工作人員已開始了兩個計畫：「我的周遭」（All about me）和「泰德的弗雷德」（Fred the Ted）。綠堤兒童中心積極鼓勵家長運用兒童喜歡的玩具，來協助孩子成為象徵符號使用者，例如，運用泰迪熊來啟發兒童進一步使用具深層意義的象徵符號。「『泰德的弗雷德』用作聯繫綠堤兒童中心與家庭；引介運用繪本的方法，讓兒童分享經驗和感受，以促進兒童的語言和讀寫能力，繼而建立自尊和信心。」（Staff comment, Greendykes Children's Centre, 2002）。

每逢週末，兒童會輪流將「泰德的弗雷德」帶回家，家長會記錄弗雷德與家庭曾一起進行的活動歷程，而這些紀錄亦會在分組活動時段與其他兒童分享。

接下來是介紹有關弗雷德的活動歷程。雖然並不會全部都提及弗雷德，但弗雷德整個週末都是陪著潔瑪。

大家好！這是潔瑪的故事。

2 月 16 日星期五

　　我今天把弗雷德帶回家，我很用力地抱著它。卡蘿阿姨來我家，她非常愛我，暱稱我為黛茜貝爾。

2 月 17 日星期六

　　我祖母帶我到她家，祖母從我的書本中選讀了很多故事給我聽。祖母有一隻可愛的貓叫貝格希拉，因我不會唸牠的全名，所以我就叫牠貝格。

2 月 18 日星期日

　　今天我在祖母家中，她選了一些我的照片在床上看。我吹口琴時，祖母會跟著音樂跳舞。我就此完結我的故事。

親愛的潔瑪

　　從潔瑪的故事中可知道，其家人已進入訴說弗雷德故事的行列，且會運用某些傳統的寫作手法。這日記是用第一人稱寫作（「今天我在祖母家中」），它有一個明確的開始和結束（「這是潔瑪的故事」和「親愛的潔瑪」）。這一切讓潔瑪認識到書面用語，是她日後能夠讀寫的基礎。另外，「我的泰迪熊」也可以套用此方式，用以聯繫潔瑪的親身經驗，因此，這方式能幫助兒童擁有頗具效能的讀寫經驗。

　　接下來是弗雷德去了康納爾家中的紀錄。當中可以知道弗雷德如何成為真正的故事人物。在創作寫作中有兩個重要的基礎元素，就是故事主線和人物角色。如果兒童的「生活」中曾經有類似遊戲劇本的情景體驗，他們就會了解故事創作的原理。

176

8月17日星期五

　　我向康納爾的姊姊艾瑪、妹妹黛娜和媽媽介紹弗雷德。康納爾全家都歡迎弗雷德到家中度週末，媽媽帶大家去 Danderhall 探望祖父母。弗雷德坐在我的膝蓋上，也幫它綁安全帶，所以我知道它是安全的。當我們到了祖父母家，祖母抱著弗雷德並親吻它，然後大家去了公園，也玩得很開心。祖母很興奮地拿著照相機，幫我和弗雷德拍了很多照片。到公園遊玩之後，我們一起去買茶，然後回家。弗雷德與康納爾全家共享晚餐，之後康納爾幫它洗臉，並讓弗雷德在軟綿綿的衣服籃子裡睡覺。

8月18日星期六

　　弗雷德和康納爾比媽媽更早起床。大家都一起吃早餐，弗雷德非常喜歡玉米片。之後，我讓它坐在盆子裡洗澡。媽媽帶我們外出。

卡素拜爾社群認同的主要識字原則

- 為培養社群的信心、自尊和動機，營造一個積極和激勵性的環境。
- 為社群建立策略，以鼓勵、尊重並支持家長參與伙伴合作計畫。
- 以個人的終身學習基礎，提倡愉悅、有意義、適當的和終身受用的讀寫學習方式。
- 各幼教機構以至學校教育都應一致重視讀寫。
- 透過各種方式、策略和資源，運用多種多樣的語言學習經驗，以滿足個人需求。
- 預設的期望要尊重並能延展個人的已有經驗。
- 確保幼兒期有專門和優質的識字學習方式，並能兼顧語言和認知發展。
- 發展並開辦高素質工作人員的持續培訓課程。
- 宣示每位兒童的權利，只接受曾受適當幼兒教育訓練的人員。
- 訂定讀寫能力發展優先順序，據此以開發人力資源和教材資源。

這本書所提及的幼兒園和小學曾與當地的中學會面，經商討後同意共同修訂兒童的培養方式，鼓勵兒童開發和嘗試使用個人象徵符號，並進行相關實驗，同時亦發展理解慣用的書寫象徵符號和記號的學習方式。

他們主要強調的是要確保所有兒童得到的機會最優質，啟發其語言學習的潛能，而且不是過早或硬性強迫兒童學習傳統的書寫和閱讀。

早期閱讀

兒童最初學會的字

兒童最初學會閱讀的字，就是那些對他們而言充滿情感和有認知意義的字，例如，他們的姓名、其他人名字、寵物或他們熱愛或感興趣的物體名稱等，這些通常都是首先嘗試讀寫的字。兒童能夠成為優越讀者和優秀作家都有一個主要導因，就是父母都感興趣並樂於參與，會陪同子女一起進行相關的活動（Athey, 1990; Whalley, 2001; Siraj-Blatchford, 2002）。

178

研究亦建議，相對於正規的基礎語音教授法而言，與母親一起編寫泰迪熊故事書所產生的影響會更深遠，能使兒童對書籍產生興趣，並引發閱讀的渴望。Whitehead（1999: 55）指出，在大班的基礎語音教學中，只有少數幾位坐在前排的兒童：「享受教師的演繹及少量的互動，但大部分坐得較遠的兒童都會各忙各的，有的會凝視和觀察窗台上的蜘蛛，有的會在隔鄰兒童的短袖汗衫上寫字，有的會進行更多的破壞性活動。這些現象出現在兒童身上並不奇怪。」

根據已知的幼兒教育方式，Whitehead 認為最有效的方式，是與兒童分享閱讀和寫作的樂趣，讓他們親身參與這些象徵符號的活動，且專注在：

- 思考含義。
- 敘述（故事）和組織故事，例如「我的泰迪熊」繪本。

- 思考編排繪圖、相片和版面設計的方法如何能有助讀者閱讀。
- 思考聯繫實際經驗（與泰迪熊）與文學體驗（如 Shirley Hughes 所編的「小狗」故事）的方法。
- 用文字記錄兒童的想法、情感和經歷。
- 向兒童展示慣用的印刷符號，如字母、單詞、句子、問號和句號。
- 成人要支持和協助兒童演練作家做決定的方式，選擇想要說的事，鼓勵兒童嘗試不要害怕出錯。

怎樣才是參與閱讀

語意學

兒童需要理解自己所讀和所寫的東西。

語法

除非兒童有足夠經驗能夠熟練地使用語言和文字，否則他們無法理解自己曾閱讀或書寫的東西。因此，在書寫和閱讀之前，必先學會口語。

語音轉為文字

179

字母、單詞和句子的外觀，以及字母與發音的關係，是兒童學習閱讀的主要組成部分。如果兒童不能理解文字的上下文理，他們就不能聯繫聲音和字母外形的關係。音樂、歌謠和詩詞皆可促進兒童語音（或聲音的組成）的知覺能力。

詞彙（辭典）

能夠自信地溝通的兒童都擁有大量詞彙用以表達自己的想法、情感和關係，並且可以更輕鬆地享受閱讀和書寫。口語對展開兒童書寫和閱讀有

莫大的助益。

成為讀者

當兒童成為讀者時，亦即表示兒童使用象徵符號已達到象徵行為的層次。Gardner（1993）稱這些層次為不同的象徵行為「版塊」（waves）。兒童若能夠逐層深入使用象徵符號，就能增進使用象徵符號至複雜水平。

第一章已提及即使是嬰兒也喜愛圖書。克雷格米勒的「嬰兒圖書」方案就是利用圖畫書大大地促進兒童早期象徵符號層次逐層遞進。事實證明，嬰兒喜愛相片圖像，若此愛好能一直持續下去，對他們有正面的影響，讓兒童在小學後期擁有流暢地閱讀和書寫的能力。

事實上，成人也需要圖片來幫助自己閱讀。閱讀的關鍵是要樂在其中，當兒童有能力很流暢地閱讀時，才可讓兒童獨自看書；不過，即使是初中學生，在閱讀時仍需要有人將艱澀的文字讀給他們聽。這一點讓我們回想Vygotsky（1978）的近側發展理論，理論指出現在需要在別人協助下方能完成的工作，他日我們必定有能力獨自完成。

第一層的象徵行為——開始閱讀和書寫

兒童能找出文字的意義，並明白文字的功用。他們學會組織故事的結構，知道故事應從哪裡開始、在哪裡結束，及如何處理故事中段的內容。

艾理斯與母親一起編寫泰迪熊繪本時，他喜愛反覆地打開看這繪本，但他需要母親讀給他聽。他沉醉於曾一起製作繪本，並為它加上故事文字。

艾理斯常常會去找那繪本，不斷以類似閱讀的行為進行「閱讀」。他以圖片作提示，用心去記著繪本上的文字。

這些文字可以簡單地幫他聯想起自己的經歷，這就是讓他擁有一本特別為他而編製繪本的價值所在。繪本必須能將兒童的經歷訴諸文字，並必須能鼓勵兒童跟成人或其他兒童談論相關經歷。

第二層的象徵符號行為——成為自發的閱讀者

能預知文字的意思

　　兒童不斷地聽故事，不斷在圖書角尋找喜愛的圖書，這樣他們會逐漸認識文字。不論是屬於虛構的故事、詩詞歌謠，還是屬於非虛構的資訊或與備忘錄相關的東西，其內容的文字都是固定不變的。雖然圖片可幫助自發閱讀者去理解和討論，但文字始終是不變的。「我們都累了，是時候說晚安了。」同樣地，如果兒童喜愛的圖書有簡短且易理解的文句，會有助於兒童在閱讀時自我修正。

促進聲音和字母的連結

　　這裡的意思是兒童需要幫助，方能學會單一字母的名稱，才能學會字母在不同詞彙中的不同發音。這種能力的最佳開拓方式是製造自發學習機會。相反地，強迫兒童完成成人所設定的作業，反而會迅速降低幼兒的學習動機。

語音意識

　　童謠、詩歌和歌曲皆有助兒童學習（Goswami and Bryant, 1990）。Whitehead（2002: 39）說：「詞彙的頭一個音，我們稱為頭韻；重複和類似的尾音，我們稱為押韻。」「泰德」（Teb）和「床」（bed）押韻。成人可利用押韻創作歌曲：

來吧泰德，（Come on Ted,）

是時候上床睡覺。（It's time for bed.）

181

或者利用頭韻：

泰德的牙刷（A toothbrush for Ted）

噠……（Ttttttttttttttt）

是（Yes）

在這裡（Here it is）

泰德的牙刷！（A toothbrush for Ted!）

兒童喜歡與成人一起創作簡單的歌曲和歌謠是十分重要的，正如 White-head（2002: 39）曾警告說：「在小學有許多不幸的學生，對詞彙的頭韻和押韻感覺非常遲鈍。」

請謹記，要使兒童熱衷於閱讀，就必須讓他們有一個愉快的開始。早期的正規教學的讀寫練習，通常都是成人導向，過程中經常會忽略萌發兒童的內在動機去閱讀，導致兒童只是奉命而非熱衷閱讀。這樣只會導致兒童抗拒閱讀，導致兒童在必要時才會閱讀。事實上，激發兒童的語音敏銳度可醞釀兒童的閱讀動機，使他們在小學後期甚至一輩子都熱愛讀書，甚至變成書呆子。

綠色小屋幼兒園有很特別的策略，用以幫助兒童萌發閱讀動機，使成為自發的閱讀者；主要是幫助兒童建立閱讀寫作的需求和渴望，讓兒童拓展個人閱讀方法。由此，日後兒童除了有能力完成功課任務外，還會有自信和流暢地閱讀。

不論是虛構還是非虛構的書籍，最重要是能為兒童提供更多可以與書共處的機會。這樣，他們會逐漸明白書面語的讀法讀音與口語是完全不同的。

增加兒童使用象徵符號的種類

綠色小屋幼兒園的孩子們有很多機會進行痕跡創作（mark-making），

這樣為他們日後的寫作和創作平面藝術（繪畫）打好基礎。

在相片中可看到兒童的痕跡創作與字母很相似，且代表著某人和某事 *182*
的意思。事實上，這種在戶外進行創作的效果，與室內無異。

綠色小屋幼兒園帶了其中一班兒童去參觀李的母親的辦公室，李的母
親帶他們四周參觀，並向孩子們介紹辦公室的工作屬性。她向孩子們解釋，
他們工作時會使用電腦、網路和列印機等設備，李則喜歡坐在媽媽電腦前
的轉椅上。參觀期間，兒童乘搭手扶梯迅速地走遍整棟建築物。此棟大樓 *183*
內有很多商店，兒童對建築物的規模都會感到很驚訝。在遊覽大樓期間，
孩子們看到自助餐廳便會停下來走進去點餐，他們在裡面喝果汁和吃餅乾；
其中有四位孩子還參觀了克雷格米勒的社委辦公室。

回到綠色小屋幼兒園之前，孩子們還參觀了秘書羅斯瑪麗的辦公室。
在那裡，他們曾試用影印機、傳真機和電腦。

到現在為止，綠色小屋幼兒園的孩子已參觀了三個不同的辦公室。參
觀後，孩子們在成人協助下布置自己的辦公室。暑假過後，兒童對辦公室
的興趣依然沒減退。曾參觀訪問的孩子在暑假過後，便會進入第二年的幼
兒園生活，成為年齡稍長的孩子。假期完畢後，孩子們把夏季的經歷帶回
幼兒園分享。在暑假時，有幾位男孩和女孩曾到外地旅行，有的去了美國
的佛羅里達州，有的則去了西班牙的加那利群島（Gran Canarias）。

在暑假後，綠色小屋幼兒園的孩子對辦公室的興趣仍未減退，兒童在
工作人員的協助下，把較早前布置好的辦公室改裝成旅行社。值得一提的
是，若工作人員沒有堅持去觀察兒童的興趣，並對其做出回應，兒童這種
對活動的興趣就不可能持續。

成人根據觀察兒童的興趣所得，支持和延展兒童的興趣而調整教學，
這就是最佳的教學法（DFES, 2000）。現場實境的辦公室參觀活動啟動了
接續的辦公室裝置和模擬活動，成人從旁協助兒童創作此類遊戲劇本，幫
助兒童使用更多的象徵符號，也能增加兒童象徵符號使用的種類。

在綠色小屋幼稚園進行痕跡創作

兒童曾參與的活動包括下列各項：

- 角色扮演：辦公室遊戲劇本。
- 將美勞區改裝為辦公室的布置。
- 小世界遊戲：火車套件。
- 相關的商業書籍。
- 製作自己的繪本和遊戲道具。
- 進行閱讀和寫作。
- 實際製作披薩。
- 用麵團模擬製作披薩和義大利麵。
- 為遊戲劇本製作護照。
- 用大型空心磚塊堆砌成一輛汽車。

工作人員不僅協助兒童把原本的辦公室布置改裝成旅行社，還帶領其中一班兒童乘火車到愛丁堡韋弗利（Waverley）車站。在參觀結束後，有幾位兒童表示喜歡進行火車軌道的遊戲，這樣，火車軌道遊戲即出現了另一種象徵層次。就是這樣，大家都嘗試閱讀、寫作、小世界遊戲和大型辦公室的角色扮演等活動。

184

成人的重要任務

各種不同的象徵層次都是相互協調的。透過此類遊戲劇本發展出來的敘述（故事），將成為日後寫作的基礎。因為成人根據參觀訪問的內容，在環境中放置相關的陳列物，並與兒童共同製作繪本。這樣，發生的故事不但不會被遺忘，而且會改寫成虛構和非虛構的書籍，營造了滿載出版物的環境，同時也塑造了一個富有象徵符號的環境。有鑑於文化所屬的象徵符號是造就人類現狀的主要成分，因此，成人與幼兒共處和共事方式就變得非常重要。

我們必須謹記兒童想去理解和使用象徵符號，是出於生理和社交兩方

面的衝動。成人在兒童能夠確切地掌握並開始使用象徵層次之前，就應該教導他們早期的閱讀和書寫方式；如果成人強迫兒童使用最深層次的象徵行為，便會導致兒童有象徵符號使用的困難。

現在很多兒童都出現學習遲緩的問題。漸漸地，他們會變成抗拒或厭惡使用象徵符號（特別是在閱讀和書寫方面），這樣他們也很難保留自己的潛力，成為有自信、熱誠和熟練的象徵符號使用者。

在遊戲劇本中使用象徵符號

由於綠色小屋幼兒園的兒童很想展開旅行社的活動，所以幼教專業人員隨即以促進的方式，為兒童在園內劃分部分搶眼的區域，讓兒童實現自己的想法。

邁克決定在綠色小屋幼兒園旅行社報名到義大利旅遊，因此，他在網路上搜尋相關資料；另外，也有些兒童製作最受歡迎的義大利食品披薩。康納是一位新入園的男孩，是幼兒園全日制課程的兒童；讓康納忙於參與旅行社和製作披薩的活動，這過程可以幫助康納慢慢融入幼兒園的生活。在綠色小屋幼兒園製作披薩活動當天，邁克的媽媽也來幫忙準備小點心和零食。

> 邁克邀請母親——邁克女士走進製作食物的娃娃角裡，他說：「你想去義大利嗎？」然後他就拿一本護照給邁克女士，並說：「去義大利你需要這個。」他對義大利人的食品感到很好奇，邁克女士表示義大利人一般喜歡吃大量的義大利麵。然後邁克就弄了很多盤義大利麵（以麵團製作）。邁克也喜歡學一些義大利文，例如義大利麵叫 "bell"、"bella"，他覺得這一切都非常有趣。（Staff observation, Greengables, 2002）

185

兒童的期末參觀活動是參觀英國浦氏木偶劇團（Purves Puppets）。兒

童在旅行社預訂是次行程。邁克負責接電話，康納則負責售票。邁克說：
「節目在五點鐘開始。」

　　邁克、康納和泰勒都曾在辦公室進行活動，對電話、打洞器和其他辦公室設備都很感興趣。

　　泰勒和邁克彼此用電話進行對話：

　　泰勒：我正在自己的辦公室。

　　邁克：你要過來我的辦公室嗎？

　　泰勒會用電話訂購她的午餐，也會在紙上做筆記。

　　邁克會用標籤將文件架上的文件分類。

　　康納把硬卡紙貼在寫上「Derek 的消防員」的紙上。（Staff observation, Greengables, 2002）

　　根據實際參觀辦公室的經驗，進行模擬辦公室的活動，能幫助兒童發展更深層的象徵行為，也對兒童日後會進行的故事創作、讀寫和科技應用能力很有幫助。

　　後續的觀察讓我們知悉他們進一步的發展。

　　　把鍵盤搬到辦公室後，在泰勒和凱爾西需要打字時，他們會把椅子移到鍵盤前。泰勒拿了幾張字卡給邁克女士，有一張是「寫上」，另一張是「我的機器打出的」。（用膠帶把電話和打孔機貼好）凱爾西把紙卡放在鍵盤的狹縫，使紙卡可豎起來。

　　　邁克對磨刀的功用和使用方法感到好奇。

　　　戴蓮會用電話簿「查看號碼」。

　　　戴蓮會用硬皮書寫信，泰勒則寫了一張便條，並用磁鐵把它貼在散熱器上，這作法是他從金伯利身上學來的。（Staff observation, Greengables, 2002）

邁克突然想寫數字

　　幼教專業人員覺得旅行社的活動促使兒童對讀寫產生更多的興趣，而且不僅是兒童對此充滿熱誠，布洛克女士也被此活動感染，萌生出外旅行的想法，決定明年假期出外旅遊，所以她需要一本護照。於是，布洛克女士也向邁克示範填寫護照申請表格的方法，接著他們去了自動照相室拍護照用的相片。有些兒童也想擁有自己的護照，所以幼教專業人員協助他們拍照，最後，這成為一個非常受歡迎的活動。

　　史蒂芬和邁克到當地的郵局買郵票,並把布洛克女士的護照申請寄出
去。

邁克

　　其實,當我仔細觀察邁克時,會發覺非常有意思,發現邁克的象徵行
為對他各領域的學習都有巨大的影響。根據幼教專業人員的觀察,發現他
曾參與可發揮想像力的遊戲、角色扮演和角色轉換。他除了會排練成人角
色外,還會用一些空心磚塊裝扮成車子的不同部分。邁克在遊戲中會一直
運用閱讀和寫作的已有知識。

　　　在戶外……在星期五,邁克再次進行富有想像力的遊戲——
　　他駕駛自己的巴士到義大利,他坐在一張大墊子上,四周圍著大

型空心磚塊。他用舊的方向盤來駕駛，並一路發出車輛行駛的聲音，同時也邀請其他兒童和工作人員乘坐他的巴士。當時，康納駕著小型車經過（其他兒童則騎著自行車），邁克告訴我，其他孩子的車全部都是巴士。他跟孩子們打招呼說：「朋友你好！」並伸出拇指和眨眼示意（「這都是司機會做的表情和手勢！」）。

邁克用一個黃色圓柱立方體豎立當作手動煞車，再把三個立方體放到雙腳的前方，他能說出踏板的正確名稱：「一個是加速，一個是減速。」然後，他又說：「如果有人在前方，我不會按喇叭，我只會減速。」

邁克的想像遊戲也曾在遊戲室裡延續，製作義大利食物食那天（他做一個披薩），也曾在地球儀上看義大利的位置，邁克也曾討論渡海的方式，他還查閱小冊子，看看大家喜歡去的地方。

第二天，我問邁克會不會踏那個踏板使巴士加速，他說：「那是加速器。」（Staff observation, Greengables, 2002）

189　　　綠色小屋幼兒園的幼教專業人員還指出：「我們開始發現兒童會沉醉於象徵符號的世界，不論在家中還是在幼兒園（在經驗豐富和受過適當訓練的人員支持下），他們都很想把自己的體驗記錄下來。」他們還特別想起邁克的情況。

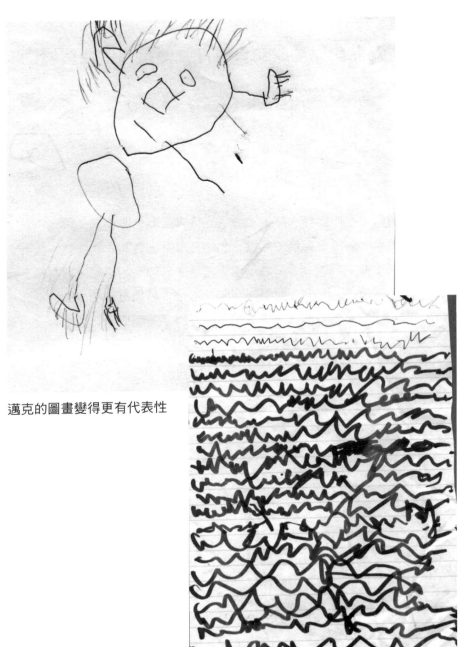

邁克的圖畫變得更有代表性

邁克對假期趣事的描述

為促使兒童成為象徵符號使用者創造環境

積極地激勵兒童學習音樂、舞蹈、圖畫、填色、寫作、閱讀（識字）和數學符號（包括數字），就是對兒童的象徵行為發展創造更有利的學習環境。

圖書角

圖書角需要處於溫暖、輕柔和舒適的位置。圖書應包括詩歌、小說、有樂譜的歌集、參考書、自製圖書，和幼教專業人員製作的圖書，所有書籍都要有明確清晰的標籤。另外，圖書角應該有舒適的感覺，要有軟墊可讓他們靠著閱讀。為方便小組可共享同一本書，可放幾張簡便的椅子和一張成人尺寸的沙發，有些兒童可能需要一張矮桌子和椅子，而地板上可鋪上舒適的地毯。

牆壁

牆壁不應過於混亂，牆上的每件擺飾都應有其存在意義，關鍵原則是簡單就是美，意思是張貼的印刷物應該對兒童有意義，置放高度亦應與兒童身高相約。例如，在門上貼上字卡「門」，倒不如張貼一張兒童穿上外套的照片，因為照片可隱藏「外面冷嗎？你需要大衣嗎？」諸如此類的話語。若能在此類照片加上文字簡述，兒童就會嘗試去思考蘊含富啟發性問題，也會嘗試閱讀資訊性的備忘錄。

有少數的備忘錄是為成人而設，會置在成人高度，這種備忘錄可以是與父母溝通的長期計畫，或是貼上用以提醒父母的備忘錄，例如，工作室需要用紙箱。此類備忘錄最好設在一個有明確框架的告示板內。

Chapter
10 使用象徵符號

190

設備用具設有標籤

設備用具上設有標籤可以幫助兒童使用重要詞彙，如可配合圖片，效果會更好。兒童找尋自己需要的東西，或是把整理好的東西放進抽屜、書架或櫃子時，就能快速地學會要看這些標籤，最終亦能有助兒童熟讀和書寫這些詞彙。

裝置上有精確的標示

利用各種媒體可促使兒童成為有自信的象徵符號使用者。如果兒童只是遵循成人的指示，按照成人指導去填色，亦即是說：「我們一起畫消防車。」是不正確的，因為不是「我們」一起畫，而是成人去畫，兒童只是當作助理。

綠色小屋幼兒園內進行的辦公室方案，或是兒童之家的醫院方案，或是金美倫堂幼兒園的「很久很久以前」的方案活動，過程中曾在裝置貼上標籤，其目的就是記錄兒童的學習，並用以與家長和社區分享，同時亦提醒個別兒童的自我學習內容。

如果將兒童具有象徵符號意義的創作（如畫圖和填色）轉變成輯繪圖畫，即將兒童的創作品剪輯變成美術拼貼畫，會阻止兒童成為自信的象徵符號使用者，妨礙兒童進行自我思考和建立自己的想法、思維、情感，及建立自我、與他人或宇宙萬物的關係。試想一下梵谷的感受，如果梵谷發現有人把他所畫的椅子剪下來，並鑲嵌在標示為「這是金髮女孩在三隻小熊的故事中所坐的椅子」的圖畫上。

很久很久以前──利用衣飾裝扮學習過去的歷史

在金美倫堂幼兒園，艾理斯開始對很久以前發生的事感到興趣，他會問成人如：「很久以前，誰照顧地球上第一個人？」等類似的問題。

時間是一個難以理解的概念，幼教專業人員意識到有必要採取較具實用價值的方式，幫助沉思這類問題的艾理斯和其他兒童。園長拿著小時候的泰迪熊給孩子們看，帶領他們進一步討論過去的時光。在前文曾提及，艾理斯也有帶他的泰迪熊到幼兒園，而且他的母親在家裡也製作了一本繪本名叫「我的泰迪熊」。

「很久很久以前」的活動中，家長和幼教專業人員各自帶著小時候的泰迪熊和照片，照片當中有的是他們與泰迪熊的合照。「我們看著過去的舊照片時，感到很驚歎。孩子們為一位與我們分享舊照片的老鄰居準備下午茶。」（節錄自布置物上的備忘錄）。

學習過去的歷史

工作人員向兒童展示學校的彩繪玻璃畫窗；「我們幼兒園的彩繪玻璃畫窗是由 William Wilson 贈送的，它代表了遊戲就是兒童每天的生活。」（節錄自布置物上的備忘錄）。

在「很久很久以前」活動進程中，工作人員發現這是跟隨兒童興趣，及可向兒童介紹課程中蘇格蘭文化的機會。蘇格蘭的象徵符號可幫助兒童實際體驗所屬的文化，並發展與過去和現在相關的象徵行為。學習與過去有關的事物，使用服裝和其他文物等象徵符號，可幫助來自任何文化背景的兒童成為象徵符號的使用者。象徵符號可幫助我們了解過去、現在和未來。這裡提及的例子是蘇格蘭的著名文化遺產，正如 Trevarthen 為此書所寫的前言所述，列出歷史文物場所和重新演繹日常生活的原則，適用於任何文化背景。

在展板上，照片都貼有備忘錄，這樣就可以讓家長和兒童反映並分享大家的文化背景，令整個社群都可以相互學習：

- 蘇格蘭的歌曲是很有趣的，且經常會在歌曲中講述到蘇格蘭的生活故事。

191

- 在蘇格蘭的故事中獲得樂趣──不論是傳統或現代故事。
- 欣賞傳統的蘇格蘭詩歌……也創作了一些屬於自己的詩歌！
- 創作屬於自己的歌曲和詩歌。
- 在蘇格蘭風笛伴奏下跳舞！

學習歷史和文化遺產

　　父母和孩子們都穿著傳統服飾，加入風笛手的行列。脫下服飾後，幼教專業人員可利用這些服飾，鼓勵兒童創造「很久很久以前」的遊戲劇本。他們曾組織了一次獲嘉利大屋（Gladlands House）的參訪活動。活動中兒童穿著傳統服飾，到一位十七世紀的商人在愛丁堡的家進行參觀活動。

192

蘇格蘭傳統晚餐中朗誦 Burns 的詩：Piping in the haggis

穿上傳統服裝

193 　　接下來的活動是小世界遊戲，工作人員提供適當的傳統服飾和文化物品，都可促使這次活動成功地完成。

　　本書曾探討有關兒童學習空間、時間和因果關係的重要性。因此，在「很久很久以前」的遊戲裡可以發現，工作人員以極高的技巧設法讓兒童產生時間概念；雖然幼兒只有當前時間的概念，但已開始略為掌握所接觸到過去的時間，並嘗試用以連接自己的生活經驗。

超越當前的時間和空間

　　當兒童具有生活的象徵概念時，將會生活得更深刻、豐富和靈活，並且能超越當前的時間和空間、過去和未來的概念，並以此為基礎進行試驗和適應環境。如果兒童學習和學會組成個人象徵符號，這亦是社群共同使用的象徵符號，甚至是更廣泛的時間、空間和理性世界的象徵符號時，這樣，兒童就有充足的裝備去適應生活，有足夠能力去面對未知的未來。

利用小世界道具玩「很久很久以前」的遊戲

🌱 實際應用

- 在你所屬的幼教機構內，文化生活有多豐富呢？是否只可能與機構內共事的成人生活文化相關呢？

- 你處理個人發展和專業發展的認真態度，有助你了解世界及理解超越個人空間和時間的前人文學作品嗎？諸如詩歌和非小說類讀物？

- 你會不會參與下述的文化活動呢？例如，音樂舞蹈、戲劇藝術、旅行、學習外語、深入了解不同文化的服飾、社會禮儀、宗教信仰，或學習其他不涉及任何封建迷信的良好生活方式等。

- 你與班上的兒童及其家庭分享的方式為何？你會在大班教學時段與孩子們一起跳舞嗎？如果你在休閒時會創作音樂，你會在工作期間與機構的人一起分享嗎？

- 如果你熱愛藝術，你會願意提供或創造與兒童一起欣賞的機會或條件嗎？

- 你會將自己預定的工作進程強加於兒童嗎？記著，每位藝術家都是獨一無二的，世界上沒有任何兩位舞者、音樂家、導演、作曲家、科學家、數學家、劇作家、作家、詩人的創作或做事方式是相同的，就如同每個人的指紋一樣都是獨一無二的。

- 你會為兒童的個性發展和獨特的象徵符號設置學習機會嗎？或者，你的教學活動只是要求兒童機械式地完成預定任務？如果這樣，兒童就會像工廠裡生產螺絲釘一樣，只是不停複製你的想法，而失去了自我。

195

延伸閱讀

Asquith, T. (2001) 'The Development of Writing in the Nursery', *Early Childhood Practice: The Journal for Multi-Professional Partnerships* 3(1): 55-66.

Davies, M. (2003) *Movement and Dance in Early Education*, 2nd edn. London: Paul Chapman Publishing.

Duffy, B. (1998) *Supporting Creativity and Imagination in the Early Years*. Buckingham: Open University Press.

Gura, P., ed. (1992) *Exploring Learning: Young Children and Blockplay*. London: Paul Chapman Publishing.

Matthews, J. (2003) *Drawing and Painting: Visual Representation,* 2nd edn. London: Paul Chapman Publishing.

Pound, L. and Harrison, C. (2002) *Supporting Musical Development in the Early Years*. Maidenhead: Open University Press.

Whitehead, M. (1999) 'A Literacy Hour in the Nursery? The Big Question Mark', *Early Years* 19(2): 51-61.

Whitehead, M. (2002) *Developing Language and Literacy with Young Children*, 2nd edn. London: Paul Chapman Publishing.

Worthington, M. and Carruthers, E. (2002) *Children's Mathematics: Making Marks, Making Meaning.* London: Paul Chapman Publishing.

兒童的學習：
查理的一天

主旨

　　幼教機構、家長和照顧者之間建立起合作伙伴關係，是拓展幼兒的學習的關鍵工作，此工作對拓展學習具有核心價值。

　　這種合作伙伴關係應該是雙向互動的，意思是幼教專業人員需要與父母溝通有關幼兒的訊息，並根據在園內觀察幼兒的情況，與父母共同計畫教育工作。所以，父母也會自在地與工作人員、照顧者和保母分享自己所知道和理解子女的訊息。

　　對兒童來說，接觸不同類別的人也是學習與發展的一部分。即使有文化差異，不同性別、種族、失能人士或語言的兒童都有賦予歸屬感的需要，同時亦有必要讓他們了解自己是獨立和受尊重的個體。

　　在本章內，我們嘗試了解查理的學習情況，主要會提及查理的獨立自主學習，和他在班上分組學習時的兩種學習情況；其中特別提出兒童的個人痕跡創作和書籍選擇，屬於有意義和受認同的拓展學習方式。

在本章內，我們會認識查理的背景，包括他的家鄉是遠在亞洲的南韓，他和妹妹裘蒂就讀伊麗莎白公主幼兒園。

準備離家

到了夏天，查理就滿五歲。媽媽把他和妹妹的書收好，放進塑膠文件夾裡，隨後將文件夾放進她的購物袋中。查理從幼兒園借了一本有關青蛙的書，而裘蒂則借了一本童謠。

迎接到園

正如第一章提及的，克里斯托夫和母親到達家庭中心時受到熱烈歡迎。現在，媽媽帶著查理和妹妹裘蒂到達時，也同樣感受到這種備受重視的迎接態度。中心的工作人員會輪流迎接各個家庭，並會填寫出席紀錄。

被人忽視會影響個人的自尊心（Roberts, 2002）。若這種被人忽視的情況持續下去，我們會漸漸覺得自己不怎麼重要。事實上，我們往往只會注意到那些吸引我們注意力的兒童和家人，原因可能是他們較會刁難我們，又有可能是他們的社交技巧較佳，甚至可能是他們能輕鬆地用英語與工作人員溝通。相反地，查理媽媽及其子女的態度都較文靜，所以在幼兒園忙碌的早上時段，他們很容易會被忽視。

選擇圖書的性別差異

對查理（如其他男孩一樣）來說，故事和詩歌相比，他比較喜歡看非虛構類的書籍。在學校裡，他喜歡研究蝌蚪，喜歡看到蝌蚪長成青蛙的過程。之後，他畫了幾張青蛙的圖畫，並把自己的名字寫在圖畫的背面。

在這一年裡，查理在學校共借了二十二本書，其中九本屬於非虛構類的書籍，內容包括動物、水果、穆斯林信仰、歷史、天文和潛艇等；另有兩本是詩歌書，有十一本是故事書。

有趣的是，他借了九本非虛構類書籍，由此他的經驗更豐富，同時他

對自己認為有趣和值得看的書籍有更多的想法，這都代表查理有能力做出更多的選擇，也表示他的喜好已漸漸能顯露出來。

讓兒童閱讀和借閱虛構類與非虛構類書籍是同等重要的。若只能提供一些虛構類的書籍，且大部分都是故事書，數量比詩詞和歌謠還多，只能提供少量非虛構類書籍，那麼男孩子很可能會沒有太多的選擇（Barrs and Pidgeon, 2002）。當然，並非所有男生都喜歡非虛構類書籍，所以考慮書籍是否適合不同的性別時，最好盡量不要先有刻板印象。並且要注意以下事項：

- 讓所有兒童認識虛構類書籍（如故事書、詩詞和歌謠）。
- 讓所有兒童認識非虛構類書籍。
- 鼓勵和尊重他們的選擇。
- 用詩歌和故事書來平衡非虛構類書籍的選書習慣。
- 用非虛構類書籍來補充過多的故事書和詩歌書的選書習慣。
- 確實地幫助兒童學會分辨虛構類書籍的詩歌、故事風格和手法等；同時，幫助兒童學會分辨非虛構類書籍的事實性和準確性。

不要受性別的刻板印象所影響

198

幼教專業人員經常發現，相對於 2D 的平面活動，男孩通常會較喜歡參與 3D 的立體玩具活動（Gura, 1992）。男孩較喜愛做模型和玩建築玩具，而且很有興致參與不同動作的戶外活動。無疑地，男性大腦（Carter, 1998）似乎較容易拓展空間概念。不論如何，這並非必然發生的，我們通常需要仔細觀察個別兒童的情況方可定斷，同時要用最合適的方法拓展兒童學習。

我們要將兒童視為獨特的個體，盡量不要受性別的刻板印象所影響。其實在一般情況下，當男孩被認為正在進行的活動是屬於「女孩」的事情時，都會感到焦慮，接著就會迴避，不願意再做下去。若學習環境的設置

可吸引不同類型的兒童，那麼這種壓力就會消失，同時兒童亦能做自己想做的事，這樣男孩也可以很自然地進行繪畫、填色、跳舞和玩洋娃娃等活動。

在學習和成長方面，男孩和女孩之間的確存在明顯的生理差異，正如男孩的空間概念與方向感較好，而女孩則較擅長說話，同時男孩和女孩的動作亦有所不同。另一方面，不同的文化亦是拓展學習中，影響性別差異印象的重要因素。

不要受文化的刻板印象所影響

查理離開韓國時只有四歲，現在他要返回韓國，也快滿五歲了。

性別的刻板印象亦會受文化的傳統印象所影響，也會使我們對兒童及其家人有狹隘的看法。對很多兒童來說，在多種文化背景下生活並不是奇異的事，特別是後工業化大都會的城市中。查理就是在這種文化背景下成長和生活，因為他已經有兩種不同的國家生活體驗；他曾參與學校的社區生活，亦因而擴大他的生活圈子，他理解到不同地方有不同的做事方式。

在新環境尋覓感到熟識的事物

有趣的是，我們發現查理選擇參與讓他有安全感的活動，幫助自己融入新的環境。查理的家人鼓勵他畫畫，同時他們發現學校也是在著力栽培學生畫畫；因此，這裡的繪畫和填色活動為痕跡創作建立了良好氛圍，所以，查理可以自由地畫他所認識和所感受到的東西。

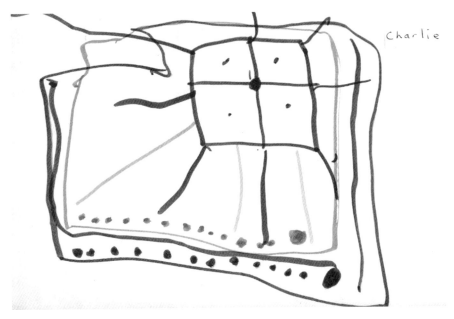

周邊、連接和方格

　　我們並不知道他是否永遠都這樣熱愛繪畫，但在他感到安心並相信自己有能力接觸新事物時，也許能幫他拓展不同的象徵符號使用模式；根據查理選擇的書籍可以肯定這方面的發展情況。這一年裡，我們真的是看著查理在發展其個人興趣。我們幫助兒童進入群體的過程中，應盡可能壓制文化對兒童的影響，這種壓制對培養創意的人亦很有助益。

　　在象徵符號的開發和使用方面，介乎於四至六歲兒童的表現並不會太理想；原因是他們正處於建立個人象徵符號的進程中，正學習自己所屬文化傳統的象徵符號。如果兒童停止這種關係探索的試驗，可能會導致他們漸漸安於只有少數公式的學習單練習，原因有可能是成人主導而引起的。成人主導的任務限制了兒童發展的可能性，亦有可能是成人過於焦急，太早讓兒童學習廣泛的知識。其實，這階段的兒童正處於學習接受文化的過程，還未有能力融入文化和發展文化。但是，兒童只跟著範本學習，只做

臨摹和填顏色的活動，就會因而成為被動的接收者，在這種培養方式下成長的兒童，通常只有少數兒童可以例外，能保留個人的創造性發展潛能。

在很多地區的文化中，即使是知名的教導兒童方式，一般都是以手藝為主，很少會積極鼓勵兒童創意繪畫。這種情況一直都被教育家批評，以 John Matthews（2003）為例，他教導兒童學習繪畫時，很多兒童都明顯是充滿熱誠地進行創作。

200

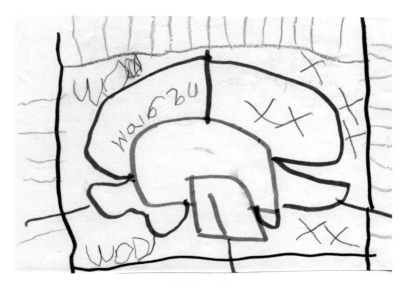

圓弧和輪輻

過渡時期

由於查理在家裡受到家人支持鼓勵的緣故，所以很喜愛畫畫，早上當查理回到學校時，他也會先走到繪畫桌前。對查理來說，畫畫是安撫他與母親分離的一種方式，也是幫助他融入幼兒園生活的一種方式。他畫的圖畫顯現出他整體的安適狀況（Pascal and Bertram, 1999），同時亦會顯示出他的歸屬感（Carr, 2001）。

查理製作個人痕跡創作的實驗

　　查理一開始繪畫的圖形都是網格和圓形（Athey, 1990; Nutbrown, 1999），並仔細地塗搽線條。查理在第二個學期裡，已逐漸能使用更多的曲線；圖畫內的線條已不單只有他兩歲時所畫的簡單圓形，也不只有他最近草草試畫圖形的直線，圖畫內的線和圖已混合這兩種線和圖。在接下來兩個月裡，查理繪畫的中央圖像主要都是混合此類複雜的線圖，並會用弧線或尖角為圖案描邊，有時他會將圖案畫成分開的一條一條長條形的圖。這些線條看起來會有點像是句子，雖然他不認為那是句子，但他卻說這是書寫的文字，有時他也會畫成彎彎曲曲的線條。

書寫和數字實驗

統籌直線和曲線並寫數字 5

查理所畫的人像及已能夠寫出阿拉伯數字 5，讓我們知道他用直線和曲線的接合畫成圖形的能力，和能夠畫曲線後再畫直線的控制能力正在迅速發展；這都是他不斷試著寫字母和畫畫的成果。讓查理感到極大喜悅的是，有時他能用大寫字母寫出自己的名字，有時他能混合大寫和小寫的字母。Karmiloff-Smith（1992: 69）：「兒童不只是問題的製造者，也是問題的解決者。」

幸運的是，查理在伊麗莎白公主幼兒園，以及在家裡都能嘗試 2D 的平面繪圖、填色、寫字母和寫數字。如果他一直都是被要求學著去寫自己的名字，被要求在成人畫好的圖案外框內塗顏色，被要求臨摹成人畫好的畫和模寫字母，這樣，他便不能完成下列的學習活動：

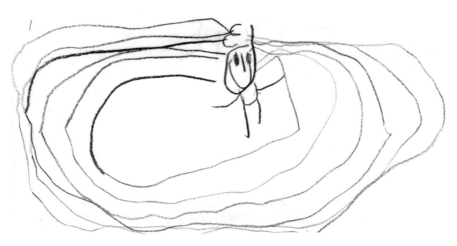

現在查理使用曲線，他將享受發現小寫字母

- 用紙、鉛筆和顏色嘗試各種痕跡創作。
- 發現寫字的方法，寫一些與他有關聯的字母，特別是與他有情感關係的字母，例如他的名字。
- 探索出寫數字的方法。
- 對自己的創作享有擁有權和控制權，讓他有一種幸福的感覺，亦感到自己擁有技術和有成功感；同時，意味著他找到表達自己的方式和風格。
- 可能導致的問題是，他會對那些由成人直接指派的任務感到苦惱和難以適從。

兒童被允許去做決定和選擇，並且能承擔適當的責任，對拓展學習來說，是非常重要且頗有助益。

203

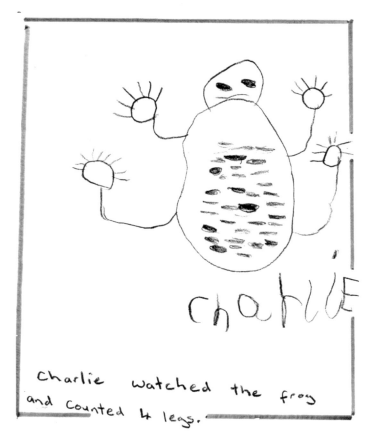

查理開始在小寫字母中挑出他的名字，並且畫青蛙

從一種學習轉移到另一種學習過程──另一種過渡

　　花了不少時間沉迷畫畫後，查理穿起上衣走到室外。通常兒童從一種學習活動轉向到另一種學習活動的過程，都需要一些時間來過渡以幫助重新適應。查理加入其他孩子的遊戲圈之前，約花了五分鐘的時間散步。他找到這種好辦法（Corsaro, 1979）幫他加入其他孩子正在進行的遊戲中，這樣，他不用請求別人讓他加入，也不會表現出著急的樣子。他只是花些

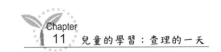

時間在一定距離外觀看孩子進行遊戲的情形，認識遊戲的內容，然後跟隨孩子的玩法；另外，在查理剛加入時，在他身旁的男孩轉身面向他迎以微笑。

平衡個人獨處及與同伴互動的學習 *204*

幾分鐘後，查理從遊戲中退出來，獨自走去玩滑梯。他知道安全地爬上滑梯的方式，接著他再走到室內的拼圖桌。拼圖是由來已久的傳統活動。在這裡，拼圖蘊含著雙重意義。

拼圖蘊含的雙重意義

與其他兒童一樣，查理找到較佳的方法去適應學習的轉變。雖然他能拼圖已有一段時間了，但他仍然覺得玩拼圖是一種合適的方式；其實，幼兒園的保母喬伊斯並沒有告訴他，那副拼圖對他來說略為簡單，這拼圖的圖案是蝌蚪蛻變成青蛙的過程。查理多次重複拼這幅拼圖後，他轉去拼另一幅較複雜的池塘圖案拼圖；他拼這幅拼圖時用了另一種拼法，先拼好外圍再拼中心，在拼中心圖形的圖片時，他覺得有點困難。喬伊斯給他看拼圖盒上的完整圖案，之後查理能夠逐步根據完整的圖案去尋找青蛙的頭、睡蓮的葉和花等圖片。喬伊斯這種從旁協助的技巧主要根據其專業知識，關鍵在於掌握協助或放手的時機。

由於拼圖桌的組合是按難易等級安排的，所以兒童可以選擇適合自己 *205*
能力的級別。他們能選擇較簡單和容易完成的級別，亦可選擇富挑戰性和較難的級別。過程中，成人要根據仔細地觀察發現適當地從旁協助兒童完成拼圖的方式。其實，查理知道自己可以根據個人喜好走到拼圖桌旁的架子上拿任何一幅拼圖，亦即可供選擇的拼圖是不斷供應的，包括不同難易程度的拼圖，亦有新的或熟悉的拼圖。

查理在木材上玩耍

從獨處和陪伴遊戲再轉向互動遊戲

　　查理離開拼圖桌走到正在地墊上玩玩具車的朋友旁加入一起玩玩具車。但是，他不想用地墊上設計好的道路圖，他用了一些磚塊拼出自己想像的道路。預設的道路圖確實限制了道路的選擇性和可行性，然而，用磚塊拼自己的卻需要不同層次的思考。因此，預先為兒童設計好的道路圖會導致兒童沒必要再動腦筋。查理似乎意識到這點，所以他寧願自己再去思考，也不願意使用預設的道路圖。他們一起討論重新鋪設道路，並不斷改變調整，這反映著他們思維的靈活性和流暢性。有一位女孩加入這個遊戲，她想在道路邊加幾間商店和房屋，男孩們也樂意接納她的提議。

掌握適合個別兒童及其在家的日常活動

目前為止，我們已經知道有關查理所選擇接觸和體驗的事物是多種多樣的。查理的學習經驗所用的時間，部分都在有組織的學習環境內發生。有證據顯示，查理就像大部分兒童一樣，藉由從旁鼓勵接觸感興趣的活動，可使他的學習發展達至驚人水平。當他需要更多協助和支持的時候，觀察力強和訓練有素的成人，或是能理解他興趣的父母，都能察覺到他的需要，及時提供協助和支援。他父親在家也會安排時間與他一起踢足球，由此亦了解到查理很享受學會操控足球的技巧，很高興能夠學會盤球、踢球和射門等技能。

跨文化研究（Whiting and Edwards, 1992; Konner, 1991; Sharp, 2002）指出，游牧、定居農業或後工業社會的兒童利用四分之三的時間，根據自己的興趣，透過遊戲、社交和幫助日常家務來拓展學習。即使在同一國家和家庭中，這些體驗都存在著巨大的文化差異和多變性。簡而言之，成長有各式各樣的方式。

206

根據所處的社會背景考量兒童的需要

不論兒童成長的環境舒適與否，兒童的成長與所處的文化背景是緊密聯繫的。可以這樣說，在戰爭蹂躪的地區成長，或是在貧窮或不和睦的家庭成長的兒童，或是成長過程中被期望有過早和過多能力表現而感到焦慮的兒童，皆不能體驗各種有利於發展學習的輕鬆氛圍。

查理和妹妹返回韓國後，將會受教於完全不同的教育系統。其實，即使他們就讀的幼兒園是在英國的其他地區，他們接受的教育也與蘇格蘭的課程框架所訂定的內涵有所不同。兒童的經歷與他們所遇到的人、成長的地方，以及家庭和整個社區的文化背景是密不可分的，諸如此類的經歷確是兒童塑造學習發展的主要途徑。

經歷考驗的傳統

在第 235、236 頁列出的各種體驗活動項目，可讓兒童接觸季節性的歌謠，同時協助兒童了解自然世界，與大自然互動交流。

在教育專業人員的教育計畫內容中，重點是要加入音樂、動作、舞蹈，以及附有旁白和角色的故事演出。兒童需要知道什麼是音樂、舞蹈是如何編排，和創作故事需要什麼，還需要促使他們能相互激發創作屬於自己的舞蹈、音樂和故事，引導兒童在彼此身上取得靈感。這種體驗是相當豐富、深刻且廣泛的，同時亦能夠支援和促進兒童識字和算術的能力發展。再者，有時適當的設計此類學習內容可有效提升學習效果，但當兒童覺得對文字理解尚有不足時，就需要配合直觀教學法幫助兒童學習。

支持、培養和拓展幼兒學習的另一種有效途徑就是日常生活的學習，這種學習過程是很自然的，亦是出於天性的，會傾向於積極探求參與所屬文化背景的日常生活。

查理每天都有機會去嘗試焗烤食物、製作點心、做木工，或者縫合和處理材料；他還可以從砌木製積木這類傳統遊戲經驗中獲益。

207

幼教課程涵蓋文化差異

在英國和其他後工業國家，雖然在拓展兒童學習方面所提供的經驗存在著文化差異，但是在其他地區都同樣面對這種文化差異的情況。在歐洲其他地區成長的兒童，或是受教於 Te Whariki 課程架構的紐西蘭兒童，甚至是在澳洲、美國和北歐國家兒童，在成長過程中都有類似的經驗。

提供的教材組織方式，以及如何把兒童視為家庭和社會的獨立個體，展示拓展學習的文化觀念；查理和書中提及的兒童學習方式，其實在世界各地很多地區已經歷了不少考驗。因此，地方的課程框架或多或少要反映兒童所處地區的文化差異背景內涵。

Te Whariki 課程框架即具有蘊含和包容兩種文化的特色，對毛利人

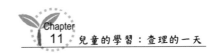

（Maori）和紐西蘭歐洲（Pakeha）（白）人都很有意義。目前幼教專業人員正在努力增加這種文化多樣性特質，讓課程框架涵蓋的文化可擴延至所有在紐西蘭成長的兒童，亦即將所屬的七個太平洋島嶼國家的文化也涵蓋在內。

威爾士、北愛爾蘭和蘇格蘭的課程框架，強調所屬國家的歷史、音樂、舞蹈、故事和詩歌。英國基礎階段課程指引文件亦是幾經辛苦方能完成（DFES/QCA, 2000），目的是為確保在幼兒教育機構內，兒童能夠脫離各式各樣過早的正規技能教學，特別是指在幼兒班（四至五歲）的課程與教學內容；同時，期望課程指引對小學一年級的學習也能發揮影響力。

與父母和家庭溝通課程

家庭聯絡本列出查理在伊麗莎白公主幼兒園的進展，是以他的需求為優先考量。幼兒園目前的工作重點放在與家人的合作，工作人員依據兒童發展和教育學知識為基礎，根據觀察查理的情況設計學習內容，其中包括五個主要學習領域：

- 個人、社會和情緒發展。
- 語言與溝通。
- 世界的認知和理解。
- 身體與動作發展。
- 表達與審美觀發展。

208

在英國，所有幼兒教育工作人員都會常常與兒童共同設計教學活動，也常常會與父母溝通分享。在家庭聯絡本內首部分內容，主要是通知家長在夏季學習時段兒童的學習實踐活動，具體有以下各項：

- 春季至夏季：認識季節變化及影響。
- 在花園裡播種。

- 在花園內種植物。
- 種植馬鈴薯和球莖植物。
- 在幼兒園的苗圃工作。
- 蝴蝶的生命週期。
- 青蛙的生命週期。
- 本地的郊遊活動。
- 參觀供應零食和麵包的店鋪。
- 與週五好友、健康隨訪員、牙科護士和其他人士見面。
- 插音樂卡（由查理的媽媽提供）在鋼琴上彈奏音樂。
- 到社區中心玩小器具、音樂和動作遊戲。
- 幼兒園韻文——西班牙童謠。
- 兒童節的劇院之旅。
- 請小學工作人員到幼兒園訪問交流。
- 請幼兒園工作人員到小學的訪問交流。
- 歡迎新入學家庭。
- 認識各類幫助我們的人。
- 進行花園遊戲。
- 假期和旅行。
- 家庭諮詢訪問。
- 在校園內遊走。
- 準備慶祝開學日的地圖和照片。
- 培訓成為花園嚮導。
- 到鄧弗姆林（Dunfermline）的彼德雪夫（Pittencrieff）公園做家庭郊遊。
- 畢業生證書及家庭聯絡本的交接儀式。

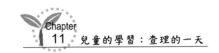

非正式或非成人主導的分組活動時段

　　上午結束前的分組時間，查理加入有十幾位兒童的故事活動組別，他們一起聽故事、唱歌和跳律動。律動活動源自 Froebel 所建立的幼教傳統，但現在已淘汰部分舊的歌謠，更換一些更適合現代兒童的歌謠。

　　教師選擇 Pat Hutchins 的故事 "Goodnight Owl"。查理喜歡參與口頭禪的時間，他坐在互動中心區域的邊緣外，因此，教師需要察覺和協助他持續參與活動。教師要求查理拿著貓頭鷹的布偶，同時當他說故事時要把布偶放在樹上。 *209*

　　查理喜歡有互動的歌曲，教師問孩子們下一首歌想唱什麼？孩子們的反應都很典型，他們會選擇一些古老、簡單而輕鬆的歌曲，如 "Baa, Baa Black Sheep" 和 "Twinkle, Twinkle, Little Ster"。Ouvry（2002，personal communication）強調讓兒童唱的歌曲必須難易參半。在成人支援下，四歲的兒童通常可以處理簡單和重複句子，如 "London's Burning"，或春季小曲 "Summer is coming in"。

互相認識姓名

　　教師為了幫助兒童認識每一位孩子及工作人員的姓名，設計了一些遊戲，不需要安排兒童集合成一大班，反而是讓他們關注自己是獨立個體。當兒童不需要隱藏自我去融入團體時，他們會感到更放鬆，這樣，他們會對別人的需要更敏感和更容易知覺。在團體中認識別人的姓名，並討論所認識的人，是學習認識別人的方式。其實，加入團體是需要非常大的勇氣去踏出第一步的，查理的反應是靜靜坐著，而且他需要別人從旁鼓勵，才能走入團體。有些兒童在感到喪失自我時，會試圖與成人做雙向交談來調整情緒，他們會假設周邊沒有其他人在場。另外，有些兒童與成人互動時會覺得壓力很大，因此，他們會選擇與周遭的孩子交談，轉移成人的注意力。這些反應都是能夠理解的。

分組活動時段及改善活動環境

如果小組的人數是八位以上，且都是六歲以下的兒童，其分組時間會更有利於拓展學習，這樣他們會更活躍地動起來。在前面的章節中，可以知道大腦發展需要從感官和動作中獲得訊息。

210

舒服的坐位

對於兒童來說，安靜地坐著是不合適的（Goddard-Blythe, 2000）。人體工程學是非常重要的。物理治療師強調坐姿是活動姿勢的一部分（Curtis and Curtis, 2002）。幼兒需要坐在大小合適的椅子上，或是讓他們坐在能夠不斷調整坐姿的豆袋和墊子上。即使在進行活動時，兒童也不應該被要求坐下超過十至二十分鐘；同時，成人要留意幼兒的坐姿是否正確，因此，圖書角的椅子亦需要精心設計。

氧氣、新鮮空氣和水

在查理擴展學習過程中，查理有良好坐姿，也有不受限制的行動機會，因此，他可以花時間浸淫在露天的花園環境中，讓大腦吸收氧氣，讓大腦接收感官和動作的訊息，讓大腦充滿養分，啟動大腦盡可能的學習。

另一方面，對查理的學習同樣很重要的東西，是當兒童感到口渴時可以隨時喝水。在幼兒園裡有一張合適高度的桌子，上面放著一壺水，也放著標有兒童名字的杯子，兒童可以自行拿杯子倒水來喝，因為定時喝水對大腦運作很有幫助。

關鍵人制度有助於聯繫查理在家學習情況

在課堂結束後，查理的媽媽來接他和妹妹裘蒂。她與幼兒園內負責家庭聯繫的關鍵工作人員聊了一會兒。這位幼教專業人員在查理的家校聯絡冊上不斷做紀錄，與他父母也有特別聯繫。關鍵人制度（Elfer, 1996; Man-

ning-Morton and Thorp, 2003；Forbes, in press）最初只出現在零到三歲的幼兒機構，現時正迅速地在三至五歲的幼兒機構中建立起來。許多機構內的關鍵人會進行家庭訪問，並會在兒童入讀小學時，進行幼小銜接的適應過渡探訪。

當查理回到家中，因為太興奮而感到累了。他與母親和妹妹吃過飯後，小睡了一會兒；當他父親回家後，他們會一起到外面踢足球。

包容與歸屬

查理的家庭讓查理有歸屬感；作為一個獨特的人，是有獨特需要的，他需要被珍視，被人認為是重要的。男孩與父親，或女孩與母親的關係，是拓展學習中重要的組成部分（Biddulph, 1997）。同性戀子女的父母不一定是同性戀，正如異性戀父母中的子女亦可能是同性戀。在英國，我們才剛剛開始認識和了解這些家庭的差異。我們還需要更深入地了解現代背景的性別角色。查理先在韓國成長，但他很容易地融入現居所處的英國社區文化。重要的是，幼兒園工作人員要不斷努力在實踐中執行有關平等、多樣性和包容性的原則。

211

專門用語是很重要的，因為它能反映態度和價值觀念。兒童即使是各有不同，但仍然是社會的一份子，他們需要體會到事實正是如此。

 實際應用

- 你與孩子的父母或照顧者的合作程度為何？
- 孩子的父母會參與孩子成長的歷程記錄嗎？
- 你會鼓勵兒童認真反思自己的學習問題嗎？作為孩子的父母或照顧者，你曾蒐集兒童成長過程中有意義的照片嗎（如在跳舞、唱歌、自由活動等時候），或者蒐集孩子的繪畫、塗色，和進行痕跡創作的作品，製作成一本大繪本，作為孩子的學習成長歷程紀錄嗎？

- 你會邀請相關的教師或幼教專業人員到你的家裡，一起分享這些經歷嗎？
- 你會時刻銘記，只要你不斷拓展自己的特長，並運用觀察所得以修正計畫，有效教學就會出現？
- 你會堅持在工作範圍內提供豐富的室內和室外學習環境嗎？這是需要堅定的決心，才能持續下去或不斷進行，否則環境就會變得雜亂無章。
- 你會以此為基礎，並再進一步為某種特殊需要提供更多資源嗎？
- 你是身處於一個團隊裡工作嗎？這個團隊裡有明確的分工嗎？你們如何討論並制定計畫呢？是否每個人都要把所有事情寫下來，或是你能夠與大家分享討論這些計畫呢？
- 你確定你所定的計畫能讓兒童參與自己的學習歷程，並有所獲益嗎？
- 你覺得自己將兒童視為學校教室內的孩子，有需要安排一系列活動，或是很熱衷於盡力將兒童視為學校家庭的獨立個體，哪種對待方式會讓兒童學得更好呢？

212

延伸閱讀

Athey, C. (1990) *Extending Thought in Young Children: A Parent-Teacher Partnership*. London: Paul Chapman Publishing.

Carr, M. (1999) 'Being a Learner: Five Learning Dispositions for Early Childhood', *Early Childhood Practice: The Journal for Multi-Professional Practice* 1(1): 81-100.

Dunkin, J. and Hanna, P. (2001) *Thinking Together: Quality Adult/Child Interactions*. Wellington, NZ: New Zealand Council for Educational Research.

主旨

　　這本書的書名《幼兒學習與發展》所反映的關鍵主題，正如我們所發現的一些有價值的觀點、研究和理論，都能支持我們繼續和積極地協助兒童及其家庭拓展兒童的學習，使兒童在成年後，其想法、思想、感受、親情和概念具體化等問題也得以拓展。從幼兒時期持續到永遠，其實在幼兒時期開始，學習是不斷影響其過去、現在和未來。本書我們探究促進兒童成長的最好方法，讓兒童擁有充分的能力準備應付未來成長的需要（透過協助他們拓展學習），並找出正面、積極的，更臻完善的邁進方式。

參 考 文 獻

Abbott, L. and Moylett, H. (1997a) *Working with the Under Threes: Responding to Children's Needs*. Maidenhead: Open University Press.

Abbott, L. and Moylett, H. (1997b) *Working with the Under Threes: Training and Professional Development*. Maidenhead: Open University Press.

Abbott, L. and Nutbrown, C. (2001) *Experiencing Reggio Emilia: Implications for Pre-School Provision*. Maidenhead: Open University Press.

Acredelo, L. and Goodwyn, S. (1997) *Baby Signs*. London: Hodder and Stoughton.

Ainsworth, M. and Wittig, B. (1969) 'Attachment and Exploratory Behaviour of One-Year-Olds in a Strange Situation', in B. Foss (ed.) *Determinants of Infant Behaviour*, Vol. 4, pp. 111–36. London: Methuen.

Arnold, C. (1999) *Child Development and Learning 2–5 Years: Georgia's Story*. London: Paul Chapman Publishing.

Asquith, T. (2001) 'The Development of Writing in the Nursery', *Early Childhood Practice: The Journal for Multi-Professional Partnerships* 3(1): 55–66.

Athey, C. (1990) *Extending Thought in Young Children: A Parent-Teacher Partnership*. London: Paul Chapman Publishing.

Bailey, D., Bruer, J., Symons, F. and Lichtman, J. (eds) (2001) *Critical Thinking about Critical Periods*. Baltimore, MD: Paul Brookes Publishing.

Bain, A. and Barnett, L. (1980) *The Design of a Day Care System in a Nursery Setting for Children Under Five*. London: Tavistock Institute for Human Relations.

Baker, M. (2001) 'Narrative Observation Notes'. Children's House Nursery School: Castlebrae Community Cluster. Unpublished.

Barrs, M. and Pidgeon, S., eds (2002) *Boys and Reading*. London: CLPE.

Bates, E. (1999) 'Tuning into Children'. BBC Radio 4, Programme 1. (*Time to Talk*).

Bateson, G. (1955) 'A theory of play and fantasy'. *Psychiatric Research Reports*, 2: 39–51.

Bekoff, M. and Byers, J. (eds) (1998) *Animal Play: Evolutionary, Comparative and Ecological Perspectives*, Cambridge: Cambridge University Press.

Bell, D. (ed.) (1999) Psychoanalysis and Culture: A Kleinian Perspective. London: Duckworth.

Bell, D. (2001/02) *Annual Report of Her Majesty's Chief Inspector of Schools, Standards and Quality in Education*. Norwich: OFSTED.

Bendall, K. (2003) 'This is Your life...', *New Scientist* (17 May): 1–4.

Biddulph, S.(1997) *Raising Boys*. London: Thorsons.

Bilton, H. (1998) *Outdoor Play in the Early Years: Management and Innovation*. London: David Fulton.

Bjørkvold, J.-R. (1992) *The Muse Within: Creativity and Communication, Song and Play from Childhood through Maturity*. New York: Harper Collins.

Blakemore, C. (2001) 'What Makes a Developmentally Appropriate Early Childhood Curriculum?'. Lecture given at the RSA (14 February).

Blakemore, S.J. (2000) *Early Years Learning*, Report no. 140 (June). London: Parliamentary Office of Science and Technology.

Bortfield, H. and Whitehurst, G. (2001) 'Sensitive Periods in First Language Acquisition', in D. Bailey, J. Bruer, F. Symons and J. Lichtman (eds) *Critical Thinking about Critical Periods*. Baltimore, MD: Paul Brookes Publishing.

Brehony, K.(2000) 'English Revisionist Froebelians and the Schooling of the Urban Poor', in M. Hilton and P. Hirsch (eds) *Practical Visionaries: Women, Education and Social Progress 1790–1930*. Harlow: Pearson Education.

Britton, J. (1987) 'Vygotsky's Contribution to Pedagogical Theory', *English in Education*, NATE (Autumn): 22–6.

Brookson, M. and Spratt, J. (2001) 'When We Have Choices, We Can Have Vision: An Exploration of Play Based on an Observation in Reggio Emilia', *Early Childhood Practice: The Journal for Multi-Professional Partnerships* 3(2): 11–24.

Brown, M. (1975) 'Children's House Nursery School', in A. Swanson, *The History of Edinburgh's Early Nursery Schools*. Edinburgh: British Association for Early Childhood Education.

Brown, S. (1998) 'Play as an Organising Principle: Clinical Evidence and Personal Observations', in M. Bekoff and J. Byers (eds) *Animal Play: Evolutionary, Comparative and Ecological Perspectives*. Cambridge: Cambridge University Press.

Bruce, T. (1991) *Time to Play in Early Childhood Education*. London: Hodder and Stoughton.

Bruce, T. (1996) *Helping Young Children to Play*. London: Hodder and Stoughton.

Bruce, T. (1997) *Early Childhood Education*, 2nd edn. London: Hodder and Stoughton.

Bruce, T. (2001a) *Learning Through Play: Babies, Toddlers and the Foundation Years*. London: Hodder and Stoughton.

Bruce, T. (2001b) 'Objects of Transition', *Early Childhood Practice: The Journal for Multi-Professional Partnerships* 3(1): 77.

Bruce, T., Findlay, A., Read, J. and Scarborough, M. (1995) *Recurring Themes in Education*. London: Paul Chapman Publishing.

Bruce, T. and Meggitt, C. (2002) *Childcare and Education*, 3rd edn. London: Hodder and Stoughton.

Bruer, J. and Symons, F. (2001) 'Critical Periods: Reflections and Future Directions', in D. Bailey, J. Bruer, F. Symons and J. Lichtman (eds) *Critical Thinking About Critical Periods*. Baltimore, MD: Paul Brookes Publishing.

Bruner, J. (1977) *The Process of Education*, 2nd edn. Cambridge, MA, and London: Harvard University Press.

Bruner, J. (1983) *Child's Talk: Learning to Use Language*. Oxford: Oxford University Press.

Bruner, J.S. (1996) *The Culture of Education*. Cambridge, MA: Harvard University Press.

Buhler, C. (1931) The Social Behaviour of the Child in H. Milford (ed.) *Handbook of Child Psychology*. Worcester, MA: Clark University Press and London, Oxford University Press.

Burlingham, D. and Freud, A. (1942) *Young Children in War-Time: A Year's Work in a Residential War Nursery*. London: George Allen and Unwin.

Burman, E. (1994) *Deconstructing Developmental Psychology*. London: Routledge.

Calvin, W. (1996) *How Brains Think: Evolving Intelligence: Then and Now*. London: Weidenfeld and Nicolson.

Carr, M. (1999) 'Being a Learner: Five Learning Dispositions for Early Childhood', *Early Childhood Practice: The Journal for Multi-Professional Partnerships*, 1(1): 81–100.

Carr, M. (2001) *Assessment in Early Childhood Settings: Learning Stories*. London: Paul Chapman Publishing.

Carter, R. (1998) *Mapping the Mind*. London: Seven Dials.

Carter, R. (2002) *Consciousness*. London: Weidenfeld and Nicolson.

Chomsky, N. (1975) *Reflections on Language*. New York: Pantheon Books.

Christiansen, A. (2002) 'Play, Imagination and Communication: Analyses of Mobile Phone Play', *Early Childhood Practice: The Journal for Multi-Profes-*

sional Partnerships 4(2): 50–61.

Clarke, P. (1992) *English as a Second Language in Early Childhood*. Victoria, Australia: Free Kindergarten Association.

Clarke, A. and Clarke, A. (2000) *Early Experience and the Life Path*. London: Jessica Kingsley Open Books.

Coles, R. (1992) *Anna Freud: The Dream of Psychoanalysis*. Wokingham, UK, and Reading, MA: Addison-Wesley.

Collinson, D. (1988) *Fifty Major Philosophers: A Reference Guide*. London: Routledge.

Corsaro, W. (1979) '"We're Friends, Right?" Children's Use of Access Rituals in a Nursery School', *Language in Society* 8: 315–36.

Curtis, C. and Curtis, M.T. (2002) *Active Sitting*. London: Sprint Physiotherapy Publications.

Dahlberg, G., Moss, P. and Pence, A. (1999) *Beyond Quality in Early Childhood Education and Care*. London: Falmer Press.

Daniels, H. (2001) Vygotsky and Pedagogy. New York and London: Routledge Falmer.

David, T., Gooch, K., Powell, S. and Abbott, L. (2003) *Birth to Three Matters: A Framework to Support Children in Their Earliest Years*. London: DFES/Sure Start.

Davies, M. (2003) *Movement and Dance in Early Childhood*, 2nd edn. London: Paul Chapman Publishing.

DFES/QCA (2000) *Curriculum Guidance for the Foundation Stage*, (2002) *Birth to Three Matters: A Framework to Support Practitioners Working with Children in Their Earliest Years*. London: DFES/Sure Start Publications.

Dissanayake, E. (2000) *Art and Intimacy: How the Arts Began*. Seattle, WA and London: University of Washington Press.

Doherty-Sneddon, G. (2003) *Children's Unspoken Language*. London: Jessica Kingsley Publishers.

Donald, M. (2001) *A Mind So Rare: The Evolution of Human Consciousness*. New York: W.W. Norton.

Donaldson, M. (1978) *Children's Minds*. London: Fontana/Collins.

Drummond, M.J. (2000) 'Susan Isaacs' Pioneering Work in Understanding Children's Lives', in M. Hilton and P. Hirsch (eds) *Practical Visionaries: Women, Education and Social Progress 1790–1930*. Harlow: Pearson Education.

Duffy, B. (1998) *Supporting Creativity and Imagination in the Early Years*. Maidenhead: Open University Press.

Dunkin, J. and Hanna, (2001) *Thinking Together: Quality Adult/Child Interactions*. Wellington, NZ: New Zealand Council for Educational Research.

Dunn, J. (1988) *The Beginnings of Social Understanding*. Oxford: Blackwell.

Dunn, J. (1993) *Young Children's Close Relationships*. London and New Delhi: Sage.

Dunn, J. (1995) 'Studying Relationships and Social Understanding', in P. Barnes *Personal, Social and Emotional Development of Children*. Oxford: Blackwell/Open University Press, Maidenhead.

Edgington, M. (2002) *The Great Outdoors: Developing Children's Learning through Outdoor Learning Experiences*. London: Early Education.

Egan, K. (1997) *The Educated Mind: How Cognitive Tools Shape Our Understanding*. Chicago, IL, and London: University of Chicago Press.

Elfer, P. (1996) 'Building Intimacy Relationships with Young Children in Nurseries', *Early Years* 16(2): 30–4.

Elfer, P., Goldschmied, E. and Selleck, D. (2002) *Key Persons in Nurseries: Building Relationships for Quality Provision*. London: NEYN.

Elman, J., Bates, E., Johnson, M., Karmiloff-Smith, A., Parisi, D. and Plunkett, K. (1996) *Rethinking Innateness: A Connectionist Perspective on Development*, a Bradford Book. Cambridge, MA, and London: MIT Press.

EPPE – see Siraj-Blatchford and Sylva.

Erickson, F. (1996) 'Going for the zone: Social and cognitive ecology of teacher–student interaction in classroom conversations', in D. Hicks (ed.) *Discourse, Learning and Schooling*, pp. 29–62. New York: Cambridge University Press.

Erikson, E. (1963) *Childhood and Society*. London: Penguin.

Field, T. (1999) 'Tuning into Children'. BBC, Radio 4, Programmes 1–6. (*Time to Talk*).

Fisher, J. (2002) *Starting with the Child: Teaching and Learning from Three to Eight*, 2nd edn. Maidenhead: Open University Press.

Foley, K. (2000) 'Southway Community Recipe Books'. Southway Nursery School. Unpublished. Available from Southway Nursery School, Ampthill Rd, Bedford.

Forbes, R. (forthcoming) *Beginning to Play: Birth to Three*. Maidenhead: Open University Press.

Fraser-Gunn, L. and colleagues (2001) 'Narrative Observations'. Princess Alice Nursery School, Castlebrae Community Cluster. Unpublished.

Frith, U. (1992) *Autism: Explaining the Enigma*. Oxford: Blackwell.

Froebel, F. (1887) *The Education of Man*. New York: Appleton.

Gardner, H. (1993) *Frames of Mind*. London: HarperCollins.

Garvey, C. (1977) *Play*. London: Fontana/Open Books.

Gibbs, W.W. (2002) 'From Mouth to Mind: New Insights into How Language Warps the Brain', *Scientific American* (September): 14–16

Goddard-Blythe, S. (2000) 'First Steps to the Most Important ABC', *Times Educational Supplement* (7 January): 23.

Goldschmied, E. and Jackson, S. (1994) *People under Three: Young Children in Day Care* London: Routledge.

Gomes-Pedro, J., Nugent, K., Young, G. and Brazelton, T.B. (eds) (2002) *The Infant and Family in the Twenty-First Century*. New York/Hove, UK: Brunner-Routledge.

Gopnik, A., Meltzoff, A. and Kuhl, P. (1999) *How Babies Think*. London: Weidenfeld and Nicolson.

Goswami, U. (1998) *Cognition in Children*. Hove, Sussex: Psychology Press.

Greenfield, S. (2000) *Brain Story: Unlocking our Inner World of Emotions, Memories, Ideas and Desires*. London: BBC Worldwide.

Greenman, J. and Stonehouse, A. (1997) *Prime Times: A Handbook for Excellence in Infant and Toddler Programs*. Melbourne: Longman.

Griffin, S. (2003) '"Selecting a Pram" Which Encourages Communication Between Adults, Babies and Toddlers', *Early Childhood Practice: The Journal for Multi-Professional Partnerships* 5(1): 4–7.

Gura, P., (ed.), with Froebel Blockplay Research Group (1992) *Exploring Learning: Young Children and Blockplay*. London: Paul Chapman Publishing.

Gura, P. (1996) *Resources for Early Learning: Children, Adults and Stuff*. London: Paul Chapman Publishing.

Gussin Paley, V. (1984) *Boys and Girls: Superheroes in the Doll Corner*. Chicago, IL: University of Chicago Press.

Gussin Paley, V. (1986) *Mollie is Three*. Chicago, IL: University of Chicago Press.

Gussin Paley, V. (1990) *The Boy Who Would Be A Helicopter*. Cambridge, MA: University of Harvard Press.

Gussin Paley, V. (2001) *In Mrs. Tulley's Room: A Child Portrait*. Cambridge, MA: Harvard University Press.

Harding, S. (2001) 'What's Happening with the Bikes?', *Early Childhood Practice: The Journal for Multi-Professional Partnerships* 3(2): 24–42.

Harris, P. (2000) *The Work of the Imagination*. Oxford: Blackwell Publishers.

Hatherly, A. and Duncan, J.(1999) 'The Outdoor Play Project at Auckland College of Education'. New Zealand, Video.

Hebb, D. (1961) *The Organisation of Behaviour*. New York: John Wiley.

Hilton, M. and Hirsch, P. (2000) *Practical Visionaries: Women, Education and Social Progress 1790–1930*. Harlow: Pearson Education.

Hobson, P. (2002) *The Cradle of Thought: Exploring the Origins of Thinking*. London: Macmillan.

Holland, P. (2003) *We Don't Play with Guns Here: War, Weapon and Superhero Play in the Early Years*. London and Maidenhead: Open University Press.

Holmes, J. (1993) *John Bowlby and Attachment Theory*. London: Routledge.

Holt, L. (2002) In W. Gibbs 'From Mouth to Mind: New Insights into How Language Warps the Brain'. *Scientific American*, September: 14–16.

Hopkins, J. (1988) 'Facilitating the Development of Intimacy Between Nurses and Infants in Day Nurseries', *Early Child Development and Care* 33: 99–111.

Huizunga, J. (1949) *Homo Ludens: A Study of the Play Element in Culture*. London: Routledge and Kegan Paul.

Hutchins, P. (1993) *Goodnight Owl*. London: Jonathan Cape, Random House Group Ltd.

Hutt, C., Tyler, S., Hutt, J. and Christopherson, H. (eds) (1988) *Play, Exploration and Learning: A Natural History of the Pre-School*. London: Routledge.

Hyder, T. (forthcoming) *War, Conflict and Play*. Maidenhead: Open University Press.

Isaacs, N. (1930) 'Children's "Why?" Questions', in S. Isaacs *Intellectual Development in Young Children*, Appendix A. London: Routledge and Kegan Paul.

Isaacs, S. (1930) *Intellectual Growth in Young Children*. London: Routledge and Kegan Paul.

Isaacs, S. (1933) *Social Development in Young Children*. London: Routledge and Kegan Paul.

Iverson, P. (2002) In W. Gibbs 'From Mouth to Mind: New Insights into How Language Warps the Brain', *Scientific American*, September: 14–16.

Jamieson, J. (1975) 'Princess Elizabeth Child Garden', in A. Swanson, *The History of Edinburgh's Early Nursery Schools*. Edinburgh: British Association for Early Childhood Education.

Jenkinson, S. (2001) *The Genius of Play: Celebrating the Spirit of Childhood*. Stroud: Hawthorn Press.

Jennings, J. (2002) 'A Broad Vision and a Narrow Focus', *Early Childhood Practice: The Journal for Multi-Professional Partnerships* 4(1): 50–60.

Kalliala, M. (2004) *Children's Play Culture in a Changing World*. Maidenhead: Open University Press.

Karmiloff-Smith, A. (1992) *Beyond Modularity: A Developmental Perspective on Cognitive Science*, a Bradford Book. Cambridge, MA, and London: MIT Press.

Katz, L. and Chard, S. (1989) *Engaging Children's Minds: A Project Approach.* Norwood, NJ: Ablex Publishing.

Kegl, J. (1997) 'Silent Children ... New Language'. BBC Horizon (3 April).

Keynes, R. (2002) *Annie's Box: Charles Darwin, His Daughter and Human Evolution*. London: Fourth Estate.

Kitzinger, C. (1997) 'Born to be Good? What Motivates Us to be Good, Bad or Indifferent Towards Others?', *New Internationalist* (April): 15–17.

Kohan, G., ed. (1986) *The British School of Psychoanalysis: The Independent Tradition*. New Haven, CT, and London: Yale University Press.

Konner, M. (1991) *Childhood*. Boston, Toronto and London: Little, Brown.

Laevers, F., ed. (1994) *The Innovative Project 'Experiential Education' and the Definition of Quality in Education*. Leuven: Katholieke Universiteit.

Lamb, M. (2001) 'Narrative Observations from St Francis Primary School'. Castlebrae Community Cluster. Unpublished.

Lichtman, J. (2001) 'Developmental Neurobiology overview: Synapses, Circuits and Plasticity', in D. Bailey, J, Bruner, F, Symons and J. Lichtman (eds) *Critical Thinking above Critical Periods*. Baltimore, MD: Paul Brookes Publishing.

Liebschner, J. (1991) *Foundations of Progressive Education*. Cambridge: Lutterworth Press.

Liebschner, J. (1992) *A Child's Work: Freedom and Guidance in Froebel's Educational Theory and Practice*. Cambridge: Lutterworth Press.

Lofdahl, A. (2002) 'Children's Narratives in Play: "I Put This Rice Pudding Here, Poisoned, so that Santa Claus Will Come and Eat It!"', *Early Childhood Practice: The Journal for Multi-Professional Partnerships* 4(2): 37–47.

Long, A. (2001) 'Forget about the "Music" – Concentrate on the Children', *Early Childhood Practice: The Journal for Multi-Professional Partnerships* 3(1): 71–6.

Lyotard, J.F. (1979) *The Postmodern Condition: A Report on Knowledge*, trans. G. Bennington and B. Massumi. Minneapolis, MN: University of Minnesota Press.

McCormick, C. (2001) 'Narrative observations from Cameron House Nursery School'. Castlebrae Community Cluster. Unpublished

McKechnie, C. and Jessop, B. (2002) 'The Food for Tot Resource Pack'. Craigmillar Community Cluster. Unpublished.

McMillan, M. (1930) *The Nursery School* . London: Dent.

Magee, B. (1987) *The Great Philosophers*. London: BBC Books.

Maier, H. (1978) *Three Theories of Child Development*. New York: Harper and Row.

Makin, L. and Spedding, S. (2002) 'Supporting Parents of Infants and Toddlers as First Literacy Educators: An Australian Initiative', *Early Childhood Practice: The Journal for Multi-Professional Partnerships* 4(1): 17–27.

Mandler, J. (1999) 'Pre-verbal Representations and Language', in P. Bloom, M. Peterson, L. Nadel, M. Garrett, *Language and Space*. Cambridge, MA: MIT Press.

Manning-Morton, J. and Thorp, M. (2003) *Keytimes for Play: the First Three Years*. Maidenhead: Open University Press.

Manolson, A. (1992) *It Takes Two to Talk: A Parent's Guide to Helping Children to Communicate*. Toronto, Ontario: Hanen Centre.

Maslow, A. (1962) *Towards a Psychology of Being*. Princeton, NJ: Van Nostrand.

Matthews, J. (2003) *Drawing and Painting: Children and Visual Representation*, 2nd edn. London: Paul Chapman Publishing.

Meade, A. (2000) 'The Brain and Early Childhood Development', *Pitopito Korero* 23 (June): 7–11.

Meade, A. (2002) 'The Dilemmas of Pluralism', *New Zealand Journal of Infant and Toddler Education* 4(1): 2.

Meade, A. (2003) 'What Are the Implications of Brain Studies on Early

Childhood Education?', *Early Childhood Practice: The Journal for Multi-Professional Partnerships* 5(2): 4–18.

Mithen, S. (2003) 'Mobile Minds', *New Scientist* (17 May): 40–2.

Moyles, J. (1989) *Just Playing? The Role and Status of Play in Early Childhood Education*. Maidenhead: Open University Press.

Murray, L. and Andrews, L. (2000) *The Social Baby: Understanding Babies' Communication from Birth*. Richmond, Surrey: CP Publishing.

Newson, E. and Newson, J. (1979) *Toys and Playthings: A Fascinating Guide to the Nursery Cupboard*. London: Penguin.

Nielsen, L. (1992) *Space and Self: Active Learning by Means of the Little Room*. Copenhagen, Denmark: Sikon (available RNIB, London).

Nutbrown, C. (1999) *Threads of Thinking: Young Children Learning and the Role of Early Education*, 2nd edn. London: Paul Chapman Publishing.

Orr, R. (2003) *My Right to Play: A Child with Complex Needs*. Maidenhead: Open University Press.

Ouvry, M. (2000) *Exercising Muscles and Minds*. London: Early Years Network.

Panter-Brick, C. (1998) *Biosocial Perspectives on Children*. Cambridge: Cambridge University Press.

Pascal, C. and Bertram, T. (1999) *Effective Early Learning: Case Studies in Improvement*. London: Paul Chapman Publishing.

Penman, A. (1975) 'Cameron House Nursery School, 1934', in A. Swanson *The History of Edinburgh's Nursery Schools*. Edinburgh: British Association for Early Education.

Peters, C. (2002) 'Communication', *Early Childhood Practice: The Journal for Multi-Professional Partnerships* 4(1): 44–50.

Piaget, J. (1947) *The Psychology of Intelligence*, trans. M. Piercy and D. Berlyne. London: Routledge and Kegan Paul.

Piaget, J. (1952) *Play, Dreams and Imitation*, trans. C. Gattegno and F. Hodgson. London: Routledge and Kegan Paul.

Piaget, J. (1964) *Six Psychological Studies*. London: University of London Press.

Pinker, S. (1995) *The Language Instinct: The New Science of Language and Mind*. London: Penguin.

Pound, L. (1998) *Supporting Mathematical Development in the Early Years*. Maidenhead: Open University Press.

Pound, L. and Harrison, C. (2002) *Supporting Musical Development in the Early Years*. Maidenhead: Open University Press.

Ratey, J. (2001) *A User's Guide to the Brain*. London: Little, Brown.

Rayner, R. and Riding, S. (1999) *Cognitive Styles and Learning Strategies*. London: David Fulton.

Rice, S. (1998) 'Luke's Story', in J. Dwfor-Davies, P. Camera and J. Lee (eds) *Managing Special Needs in Mainstream Schools: The Role of the SENCO*. London: David Fulton.

Rice, S. (2001) 'Luke's Story', *Early Childhood Practice: The Journal for Multi-Professional Partnerships* 3(2): 60–8.

Roberts, R. (2002) *Self-Esteem and Early Learning*, 2nd edn. London: Paul Chapman Publishing.

Rogoff, B. (1998) 'Cognition as a collaborative process', in D. Kuhn and R.S. Siegler (eds) *Handbook of Child Psychology, Volume 2: Cognition, Perception and Language*, pp. 679–744 New York: Wiley.

Rogoff, B., Paradise, R., Arauz, R.M., Correa-Chávez, M. and Angelillo, C. (2003) 'Firsthand learning through intent participation', *Annual Reviews of Psychology*, 54: 175–203.

Rutter, M. (1989) *Pathways from Childhood to Adult Life*. Journal of Child Psychology and Psychiatry, 30: 23–51.

Rutter, M. and Rutter, M. (1992) *Developing Minds*. London: Penguin.

Sharp, E. (2001) 'Narrative Observations'. Peffermill (Castleview) Primary School, Castlebrae Community Cluster. Unpublished.

Singer, D. and Singer, J. (1990) *The House of Make-Believe: Play and the Developing Imagination*. Cambridge, MA. Harvard University Press.

Siraj-Blatchford, I., Sylva, K., Melhuish, E., Sammons, P. and Taggart, B. (2002) Technical Papers 1–10, London: University of London, Institute of Education, DFEE.

Siraj-Blatchford, I., Sylva, K., Muttock, S., Gilden, R. and Bell, D. (2002) *Researching Effective Pedagogy in the Early Years*, DFES Research Report No. 356. Norwich: HMSO.

Spencer, H. (1861) *Education: Intellectual, Moral and Physical*. London: G. Manwaring.

Steels, L.(2002) 'First Words: Interview with Helen Phillips', *New Scientist Archive* (30 March).

Storr, A. *Solitude*. London: Penguin.

Swanson, A. (1975) *The History of Edinburgh's Early Nursery Schools*. Edinburgh: British Association for Early Childhood Education.

Tarlton, L. (2001) 'Narrative observations from Castlebrae Family Centre'. Castlebrae Community Cluster. Unpublished.

Teicher, M. (2002) 'Scars That Won't Heal: The Neurobiology of Child Abuse', *Scientific American* (March): 54–61.

Te Whariki (1996) Early Childhood Curriculum. New Zealand Ministry of Education. Wellington: Learning Media.

Trevarthen, C. (1997) 'The curriculum conundrum: Prescription versus the Comenius Principle', in A.W.A. Dunlop and A. Hughes (eds) *Pre-School Curriculum. Policy, Practice and Proposals*, pp. 62–81. Glasgow: University of Strathclyde.

Trevarthen, C. (1998) 'The Child's Need to Learn a Culture', in M. Woodhead, D. Faulkner and K. Littleton *Cultural Worlds of Early Childhood*. London and New York: Routledge in association with Open University Press.

Trevarthen, C. (2002a) 'Learning in companionship', *Education in the North: The Journal of Scottish Education*, New Series, Number 10, 2002 (Session 2002–2001), pp. 16–25. The University of Aberdeen, Faculty of Education.

Trevarthen, C. (2002b) 'Origins of musical identity: evidence from infancy for musical social awareness', in R. MacDonald, D.J. Hargreaves and D. Miell (eds) *Musical Identities*, pp. 21–38. Oxford: Oxford University Press.

Trevarthen, C. (2003) 'Infancy, mind in', in R. Gregory (ed.) *Oxford Companion to the Mind.* Oxford: Oxford University Press. (Revised Edition in press, 2003).

Trevarthen, C. and Logotheti, K. (1987) 'First symbols and the nature of human knowledge', in J. Montagnero, A. Tryphon and S. Dionnet (eds) *Symbolisme et Connaissance/Symbolism and Knowledge.* (Cahiers de la Fondation Archives Jean Piaget, No. 8). Fondation Archives Jean Piaget: Geneva, 65–92.

Trevarthen, C. and Malloch, S. (2002) 'Musicality and music before three: Human vitality and invention shared with pride'. *Zero to Three,* September 2002, 23(1): 10–18.

Tryphon, A. and Voneche, J., eds (1996) *Piaget-Vygotsky: The Social Genesis of Thought.* Hove, Sussex: Psychology Press.

Tychsen, L. (2001) 'Critical Periods for Development of Visual Acuity, Depth Perception and Eye Tracking', in D. Bailey, J. Bruer, F. Symons and J. Lichtman (eds) *Critical Thinking About Critical Thinking.* Baltimore, MD: Paul Brookes Publishing.

Vygotsky, L. (1978) *Mind in Society.* London and Cambridge, MA.: Harvard University Press.

Wall, K. (2003) *Special Needs and Early Years: A Practitioner's Guide.* London: Paul Chapman Publishing.

Warnock, G. (1987) 'Kant', in B. Magee, *The Great Philosophers.* London: BBC Books.

Wells, G. (1987) *The Meaning Makers.* London: Hodder and Stoughton.

Whalley, M. and the Pen Green Team (2001) *Involving Parents in Their Children's Learning.* London: Paul Chapman Publishing.

Whitehead, M. (1990) 'First Words. The Language Diary of a Bilingual Child's Early Speech', *Early Years* 10(2): 3–14.

Whitehead, M. (1999a) 'A Literacy Hour in the Nursery? The Big Question Mark', *Early Years* 19(2) (Spring): 51–61.

Whitehead, M. (2002) *Developing Language and Literacy with Young Children,* 2nd edn. London: Paul Chapman Publishing.

Whiting, B. and Edwards, C. (1992) *Children in Different Worlds: The Formation of Social Behaviour.* Cambridge, MA: Harvard University Press.

Winnicott, D. (1971) *Playing and Reality.* London: Penguin.

Wolf, D. and Gardner, H. (1978) 'Style and Sequence in Early Symbolic Play', in N. Smith and M. Franklin (eds) *Symbolic Functioning in Early Childhood.* Hillsdale, NJ: Lawrence Erlbaum Associates.

Wood, E. and Attfield, J. (1990) *Play, Learning and the Early Childhood Curriculum.* London: Paul Chapman Publishing.

Woodhead, M., Faulkner, D. and Littleton, K. (1998) *Cultural Worlds of Early Childhood*. London: Routledge/Open University Press.

Worthington, M. and Carruthers, E. (2003) *Children's Mathematics*. London: Paul Chapman Publishing.

索 引

（條目後的頁碼係原文書頁碼，檢索時請查正文側邊的頁碼）

國家圖書館出版品預行編目（CIP）資料

幼兒學習與發展／Tina Bruce 著；李思敏譯.
--初版.--臺北市：心理，2010.09
面；　公分.--（幼兒教育系列；51147）
譯自：Developing learning in early childhood
ISBN　978-986-191-379-7（平裝）

1. 學前教育

523.2　　　　　　　　　　　　　　99014766

幼兒教育系列 51147

幼兒學習與發展

作　　者：Tina Bruce
譯　　者：李思敏
執行編輯：高碧嶸
總 編 輯：林敬堯
發 行 人：洪有義
出 版 者：心理出版社股份有限公司
地　　址：台北市大安區和平東路一段 180 號 7 樓
電　　話：(02) 23671490
傳　　真：(02) 23671457
郵撥帳號：19293172　心理出版社股份有限公司
網　　址：http://www.psy.com.tw
電子信箱：psychoco@ms15.hinet.net
駐美代表：Lisa Wu（Tel：973 546-5845）
排 版 者：臻圓打字印刷有限公司
印 刷 者：正恒實業有限公司
初版一刷：2010 年 9 月
I S B N：978-986-191-379-7
定　　價：新台幣 320 元